U0361279

未成年人心理调适 百问百答

（校园生活篇）

陈青云 鄢爱舫◎主编

上海交通大学出版社
SHANGHAI JIAO TONG UNIVERSITY PRESS

内容提要

全书从"自学 乐学""悦纳 爱群""幸福 人生"三个篇章切入,通过情景导入,将校园生活中学生、家长和教师可能遇到的100条心理困惑具体化、生活化、场景化,力图还原生活原型,让读者能够感同身受。通过心理老师的虚拟角色,将积极心理学原理与实践中的具体问题有机融合,引导学生探求学习乐趣,调整学习心态,顺利度过青春期校园学习与生活,建设健康的心理状态。本书适合中小学教师、学生及家长参考阅读。

图书在版编目（CIP）数据

未成年人心理调适百问百答.校园生活篇 / 陈青云,
鄢爱舫主编. —上海:上海交通大学出版社,2024.1
ISBN 978-7-313-29822-5

Ⅰ.①未… Ⅱ.①陈…②鄢… Ⅲ.①青少年－心理
健康－健康教育 Ⅳ.①G444

中国国家版本馆CIP数据核字（2023）第209506号

未成年人心理调适百问百答（校园生活篇）
WEICHENGNIANREN XINLI TIAOSHI BAIWENBAIDA (XIAOYUAN SHENGHUO PIAN)

主　　编: 陈青云　鄢爱舫			
出版发行: 上海交通大学出版社	地　　址: 上海市番禺路951号		
邮政编码: 200030	电　　话: 021-64071208		
印　　制: 上海新艺印刷有限公司	经　　销: 全国新华书店		
开　　本: 710mm×1000mm　1/16	印　　张: 15.5		
字　　数: 256千字			
版　　次: 2024年1月第1版	印　　次: 2024年1月第1次印刷		
书　　号: ISBN 978-7-313-29822-5			
定　　价: 88.00元			

序一

Preface 1

积极而科学地开展心理健康教育，必需全面贯彻党的教育方针，坚持为党育人、为国育才，落实立德树人根本任务，坚持健康第一的教育理念，培育学生热爱生活、珍视生命、自尊自信、理性平和、乐观向上的心理品质和不懈奋斗、荣辱不惊、百折不挠的意志品质，培养担当民族复兴大任的时代新人。

上海市静安区从20世纪80年代就率先在全市开展心理健康教育，近40年来，静安区始终坚持开展心理健康教育，把推进生命教育和心理健康教育紧密结合，努力探索区域推进心理健康教育的新方法、新途径和新机制，并取得了一定成果。

对于在校园学习的中小学生而言，学校需要更加注重以学生为本，加强学生心理健康教育，为中小学师生和家长解决学习、工作和生活中的实际困难，帮助中小学生积极适应和迎接学习模式的转换。

自2020年年初以来，上海市静安区"青春飞扬"心理志愿者团队在区教育学院院长、书记的带领下，不断加强团队的师德、师风建设，团队成员坚持"以德立身、以德立学、以德施教、以德育德"，积极推进"双减"政策落地，坚定树立健康第一的教育理念，密切关注中小学师生的健康成长。此外，志愿者团队携手湖北省天门市刘秋香名师工作室，"海天"同心，守望相助，积极开展各类心理援助服务活动、教师团队建设，以及心理课程建设等。通过三年的合作、交流，上海市静安区和湖北省天门市心理志愿者团队合作出版《未成年人心理调适百问百答（校园生活篇）》一书，针对中小学生学习、生活面临的各种机遇和挑战，开展心理百问百答活动，这有助于培养中小学生的"抗逆力"，让他们在面对挫折、逆境时不屈不挠，珍惜生命、热爱生命，提升他们的生存能力和生命质量，让他们理解生命的意义和价值。

一、爱心在云端，以德施教

2020年至今，"青春飞扬"心理志愿者团队的教师们争做"有理想信念、有道德情操、有扎实学识、有仁爱之心"的好教师，通过和中国教育发展战略学会心理教育专业委员会、湖北省天门市等全国各地心理同行无偿开展形式丰富、内容新颖的心理健康教育活动，进一步增强了师德师风建设的自觉性和主动性，积极践行新时代教师职业行为十项准则。

上海市静安区和湖北省天门市心理志愿者团队针对相关问题，帮助中小学生以积极的心态拥抱校园生活。

本书通过百问百答的形式，教师引导中小学生将注意力放在更多美好和积极的事情上，保持正向思维。本书的出版有助于教师和家长了解当下中小学生校园学习、生活的现状，以便教师和家长更有针对性地对其进行引导，有效解决中小学生校园学习、生活中的各种困惑，提出符合学生身心发展实际的对策和建议。

二、凝心聚力，创新履行师德责任

创新实效的师德师风建设活动有助于教师形成积极向上的师德观念，有助于教师将师德认知转化为具体行动。上海市、天门市的心理志愿者团队从积极心理学的角度答疑解惑，利用业余时间多次进行云端交流和合作，调研了解中小学生线下学习的各种心理现状，共探学生心灵成长的智慧，义务为两地师生、家长提供高质量的心理服务，针对学生的人际交流困惑、学习效率低下和手机成瘾等情况，开展专业的指导、帮助和适宜的心理调适。

三、携手同行，共做最美教师

"青春飞扬"心理志愿者团队与湖北省天门市心理志愿者团队一起参加了本书的编写。在编写过程中，两地的心理志愿者团队注重团队的师德师风建设，这将会潜移默化地对中小学生健全人格，以及个性塑造等方面产生积极影响。书中介绍了很多非常实用的心理案例和心理调节技巧，能够启发中小学心理专职和兼职教师运用到教育教学工作中，促进教师在教育教学实践中把道德意志转化为高尚师德行为。

本书编写活动还注重引导教师作为思想意识的传递者与教育者，鼓励教师用行动去传递正确的价值观念与道德意识，这一定程度上拓展了培养中小学生心理"抗逆力"的线下教学渠道，为如何在线下教学中开展心理健康教育提供新模式。

感谢中国教育发展战略学会心理教育专业委员会、上海学生心理健康教育发展中心上海市静安区教育局、上海市静安区教育学院、湖北省天门市教育局、天门职业学院、天门市教师进修学校的各位领导和老师们在本书编写过程中给予的指导与支持。欢迎大家提出宝贵意见。

上海市静安区教育学院　陈青云

序二

Preface 2

“海天”话心育　同心向未来

　　“海天”（上海市静安区和湖北省天门市）缘起2020年。上海市静安区教育学院钟向阳老师领衔的“青春飞扬”团队与湖北省天门市刘秋香名师工作室，携手启动“促进未成年人心理健康，共同守护美好未来”的“云教研”活动。“海天”同心，携手共探“核心素养视域下跨区域协同推进未成年人心理教育工作的机制和策略”，活动的推进得到了中国教育发展战略学会心理教育专业委员会、上海学生心理健康教育发展中心、上海市静安区教育局、上海市静安区教育学院、湖北省天门市教育局、天门职业学院、天门市教师进修学校、天门市心理学会等单位领导的大力支持。

　　三年来，双方通过“云端”的形式“开展心理辅导案例督导交流，开展学校心理教育专题讲座，开展教学活动的设计与实施分享，开展未成年人心理调适百问百答主题研讨”，从专业的角度指导教师成长，从他助的角度增强家长关注未成年人心理健康的意识，从自助的角度提高未成年人积极进行心理调适的能力和情绪调节力。双方的专家、心理志愿者通过心理热线的方式点对点地为未成年人提供心理服务。一份陪伴，无声温暖；一份守望，平凡美好。为了探索学生心灵成长的智慧，让更多的志愿者能从积极心理学的视角为未成年人的心理成长答疑解惑，让更多的未成年人能够通过“自助”的方式化解成长的烦恼，增强心理免疫力，“海天”携手共同策划、组织、推出了《未成年人心理调适百问百答（校园生活篇）》一书。

　　本书以“提升未成年人自主应对校园各种心理危机和成长困惑的能力”为

目标，从"自信 乐学""悦纳 爱群"和"幸福 人生"三个维度，采用问答的方式呈现，以"情景园"为载体，将未成年人校园学习、生活可能遇到的种种心理问题情景化、具体化、生活化。通过"分享台"将积极心理学理念与未成年人心理问题解决有机融合，从小点切入、大点生发，引导学生探索"自信 乐学"的动力之源，帮助学生找到"悦纳 爱群"的沟通之道，发掘学生"幸福 成长"的社会资源，推动温暖、牢固的社会支持系统的建立，助力学生"向阳而生，向美而行"，走向未来，走向美好，走向幸福。

本书的编撰由钟向阳老师、刘秋香老师统稿，陈青云老师、周瑾老师、鄢爱舫老师组稿、审稿，上海市静安区教育学院院长陈青云和天门职业学院党委副书记鄢爱舫是本书的主编。

编写人员（排名不分先后）：

陈青云	鄢爱舫	周 瑾	李正刚	秦 蓁	钟向阳	刘秋香
万 龙	黄 勇	徐芸生	郑晓平	李 竣	钱海燕	徐越蕾
杨涵茵	赵佳侣	陆 婷	张碧涛	李豫军	丁 毓	梁 玲
秦小娜	杨 磊	王凌云	肖 珍	温文娟	牛德丽	李艳妮
袁利军	景 颢	欧阳枫	雷勤涛	沈春梅	武亚茹	乔 岩
彭康利	杨雄博	赵梦丹	李 琳	王 娜	陈雅婷	杨贞妮
杨永琴	章 鸾	廖 维	刘 琴	胡 倩	钱佳惠	李铭钰
浦春芳	葛沁琳	韦玉红				

特别值得一提的是，本书的作者既有心理学方面的专家，又有在一线工作、最熟悉和了解学生的专、兼职心理教师，他们让本书既有心理学的理论，又简明易学、容易操作。可敬的是本书的每一位作者都是托举未成年人成长的心理志愿者，既有专业的自我关照意识，又有关怀他人的育人情怀，他们坚信："心怀美德人高贵，助人的事业也平凡也值得追求，把自己开成花，就永远走在春天里。"

心理健康是未成年人全面发展的一个重要基础，是全面落实立德树人根本任务的组成部分，随着2023年4月中华人民共和国教育部、中华人民共和国国家卫生健康委员会等17个部门联合印发《全面加强和改进新时代学生心理健康工作专项行动计划（2023—2025年）》，标志着加强学生心理健康工作上升成为一个国家的战略，摆在更加突出、更加重要的位置。肩负"关爱学生心理，心向美好未来；培育理性平和心态，共建健康和谐校园"的使命，是我们所有心理人神圣的责任。期待"海天"共携手，在"同心"护未来的路上，你在，我在，一直在；你暖，我暖，一直暖。争当未成年人幸福成长的"守门人"！

湖北省名师工作室主持人　刘秋香

目录

Contents

第一篇

自信　乐学

如何做好自我管理?

经过了一个假期的休息，马上就要开学了，小A同学整个假期都是在悠闲的节奏中度过的，经常是拖到快中午了才起床，早午饭常常合成一顿吃，下午累了随时可以睡个午觉，刷手机聊天也是每日的必修活动。随着新学期的到来，这种无序而又轻松的生活即将告一段落。一想到开学后每周连续五天的作息安排，以及早起、快节奏和多任务的种种要求，她感到有些焦虑不安，那么她该如何调整，使自己能更好、快速地进入新学期的校园生活呢？

小A同学遇到的问题，在中小学生身上很普遍，学生要从舒适、自由的生活状态中一下子转入紧张、有规律的学习生活，感到有些焦虑很正常。要想让自己更好地完成这个适应的过程，就需要提前开始准备，主动做好时间和目标的管理，通过身心适应、生活适应和规律适应等，以饱满的状态回归校园。

（1）规律生活，提前调整生物钟。开学前一周左右，学生就要开始行动起来了，作息是第一件需要调整的事，可以参照开学后的作息时间，为自己设定好早、中、晚的闹钟，并且严格遵守闹钟时间，比如：早上6点半起床，中午11点半午饭，午后小区散个步，消消食，给自己一个放松的时段，晚上10点半准时上床睡觉，逐步让身体适应有规律的生活，从无序回归到有序。如果学生在执行上感到有困难，没法一下达到预期，也不用灰心，可以采用渐进式的方式进行调整，每天早起一点点，早睡一点点，让自己逐步适应，保证在开学的时候达到同步就好了。

（2）对标校园生活，改变手机使用习惯。我们假期中的很多时间都是在无意识地刷手机中偷偷溜走的，开学后，我们不可以再有这种依赖。一个假期形成的"毛病"，改也需要时间，所以，在开学前就要逐步降低手机使用频率。可能有的学生会觉得离开了电子产品，一下子有些无所适从，其实，学生完全可以通过阅读、参与家务劳动等其他积极的方式来代替。尤其是宅了一个假期的学生，可以走出家门，进行适度的运动，不但能远离手机的诱惑，还可以提升身体素质，赶走负面情绪。但是，如果学生对手机已经到了极度依赖的程度，就需要寻找专业人士，获得针对性的指导与帮助。

（3）制订适合的目标，规划学习。在家和在校的计划也是不一样的，回到学校之后，计划要围绕学习展开，学生可以在开学初先复盘一下假期的学习情况，看清自己目前的长处和不足，然后结合本学期的学习安排，与老师和同学一起讨论，再针对自己的现状，梳理出本学期要完成的和想完成的任务，继而制订一个"跳一跳"才能够到的学期目标。围绕目标列出开学两周的任务清单。每完成一项，就在后面打上一个勾，这样可以提高自己的成就感。

（4）及时进行认知调整，拒绝无休止"摆烂"。想法会影响我们的行为，当我们意识到自己的情绪不够好的时候，要主动干预，及时给自己积极的心理暗示。如果感到对开学有些不安，不妨试着安静下来，仔细想一下那些给我们带来动力的校园生活点滴，比如：那些一个假期没见的可爱而有趣的班级同学、学校丰富多彩的文体活动、校园美丽的花草、午间同学们欢快的笑声……当我们想到这些的时候，情绪会在不知不觉中发生改变。在开学的适应阶段，如果遇到挫折或者不顺利，也不妨停下来，想象一下自己最终实现规划后的快乐心情，奋斗的干劲就会更足了。

2. 如何画好"时间馅饼"?

开学后，高二男生小风对课程数量和课时恢复有着强烈的不适应感，且明显感觉作业多了很多，每天上学早出晚归，即使晚上到家就开始做作业，都要做到11点，有时候稍再拖延一下，甚至做到12点以后。白天的听课效率也明显下降，时间不够用了，很多重要的事情拖到最后没能完成，小风感到自己陷入"事情永远做不完"的恶性循环之中。他也知道时间宝贵要珍惜，但就是无从下手，因此特别苦恼。

高二的学习科目增加了，课程和作业占用的时间更多了，如果不规划好，根本没那么多时间复习、刷题。所以，就要把自己的一天有所增值，有所延长。一天是24小时，那如何增加时间呢? 就是要学会合理地安排时间，科学地统筹规划，才能从容应对。

（1）要了解自己的特点。小风需要分析下自己的生物钟特点，找到自己学习效率最高的时刻。比如：早晨起床后，放学到家时，临睡前，适当运动后，等等。他需要把最佳的时间段充分利用起来，进行学习。

（2）要根据自己的学习状况来做一个时间的统筹规划。先列出各门学科所需的学习时间，然后在纸上绘制一个代表一天中可以自由支配的时间的饼状图，把每门学科的自学时间画入图中。在进行时间分配的时候要注意，并不是每一门学科都要平均分配，也不要单纯按照兴趣高低来分配，而是要结合学科的比重来安排，比如：语、数、外三门科目可能要给更多一点时间，容易提分的科目也可以多分配些时间。同时，要记得在饼状图上给自己留出一些弹性的时间，来处理突发的事情。

（3）可以学习以下的时间管理策略。

① 制作任务清单。第一周，每天上床睡觉前，回想自己当天放学后的时间都用到哪里去了，然后记下当天时间的"流水账"。通过一周的整理，可以清楚地看到自己的时间都浪费在哪里了。

② 置顶优先任务。第二周，根据上一周的任务清单，把本周要完成的事情按照"是否紧急"和"是否重要"两个维度分成四类罗列出来。通常来说，重要又紧急的事情会造成较高的压力；重要但不紧急的事情对自己而言是较长远的目标，困难而具挑战性；紧急但不重要的事情虽不重要却有时间的压力，必须立即完成；不重要不紧急的事情则是最没有压力、最没有难度的，然而，大多数的学生会花最多的时间在这一类的事情上。因此，在分类的过程中要学会区分事情的轻重缓急[1]。然后，把紧急且重要的事情置顶，在精力最好、时间最充裕的时候优先完成；辨认出紧急但没那么重要的事情，再进行取舍；保留充足的时间去完成重要但不是那么紧急的任务；逐渐放下既不紧急又不重要的内容。

③ 利用好碎片化时间，重组任务包。学生其实有很多碎片时间，比如：上学或放学路上、课间休息、早自习前等，把任务重组一下，就可以在这些时间里完成。任务的重组通常有两种方式。一种是把不同的任务组合在同一时间完成。对于不紧迫也不重要的事情，可以放在最后完成，也可以通过重组的方式，与其他任务共同完成。比如，听新一期的音乐节目，可以在回家的路上进行。另一种是将一个大任务进行分解，分步完成。有些任务比较大，占时很长，则可以利用好碎片时间，将任务分解完成。比如，背诵英语课文，可能早上的时间背不完，可以早上背诵一半，中午背诵另一半，再连在一起熟记。

---

1 学趣益学. 管理好自己的时间，轻松度过高三阶段 ［DB/OL］.https://www.163.com/dy/article/DMK0UEKO0516A2HQ.html，2018-07-13/2023-02-03.

3. 如何调整学习心态？

小乐进入高中之后，成绩不能达到自己的期望，学习压力越来越大，并且不能很好地调节受挫时的心态，具体表现为情绪低落、解不出题就发脾气等。在教室里和同学们一起听课时，他发现，有时候自己想学学不进去，不学又不甘心，看同学学得精神抖擞，而自己却常常走神，暗暗自责，回到家却又忍不住想玩手机。他开始烦恼，上课听不进去怎么办？学习跟不上怎么办？未来是不是没有希望了？

小乐可以通过小组或者班级分享的方式，觉察到自己的情绪，如慌张、焦虑、担忧、害怕等，有这些情绪都是很正常的，要积极地接纳自己的情绪。所有人面对变化都会有类似的反应，但我们可以通过主动改变行为的方式，将自己的学习心态快速调整到有利的状态。

（1）建立发展性的自我评价习惯。当看到别人发光时，我们的确容易觉得自己暗淡无光，而忽略自己的优势，迷失自我，乱了脚步。所以近阶段，小乐可以减少和同学之前的"横向比较"，尽管这种比较本身可以帮助小乐了解自己的水平定位，参照他人弥补自己的不足，但在目前的状况下，这会使小乐形成"我就是不如别人"的消极心态，从而削弱学习动机并影响学习投入。小乐要更多地从自身的发展情况去关注自己是否有进步、有收获，进行"纵向比较"进一步完善自我。

（2）适当给自己学习奖励，养成良好行为，消除不良行为。小乐可以通过操作性条件作用来激励自己学习。比如奖励和惩罚，都会影响行为再次发生的可能性。考取好成绩的喜悦和得到奖学金等，都是在学习这件事情上起到正强化的作用。假如学生一直不认真学习，期末考试就有可能不及格，所以学生为了避免挂科，通常也会好好学习。这就是负强化对于学习的促进作用。

对于手机的使用，可请父母帮助，采取"隔离法"，让学生远离手机。增加使用书本、笔和纸等学习工具来进行学习，做好每天的记录。和父母约定，每两周行为有改善就给予肯定和奖励，比如说，奖励自己小零食等，帮助自己培养良好行为。

（3）合理发泄情绪，直面困难，不要逃避情绪。一切负面的情绪都是正常的，人处于焦虑状态时，会产生恐惧、不安、自我否定等很多消极情绪。建议小乐解决这些负面情绪的方式就是要直面它、挑战它。情绪来了，可以采用撕纸、唱歌、运动，或者大哭一场等合理的方式，将不良的情绪发泄出来。同时，给予自己正向暗示——困难是一时的，着急不能解决问题。当小乐选择积极面对，一切就没那么可怕了，相反会越挫越勇，实现自我超越。

（4）主动沟通，寻求好的学习方法。有时影响学生课堂注意力的因素可能是学生对授课内容的感兴趣程度、身心疲劳状态和对授课老师的印象好坏，等等。所以，小乐不妨调整自己的心态，主动去调整对老师的印象，可以多与老师互动或者沟通，讲出自己的困惑，在寻求帮助的同时，小乐还能发现学科的乐趣。小乐还可以改进学习方法，高中阶段对学生自学能力的要求比较高，小乐可以从自制知识导图练起来，提前做好自学和校园学习的衔接准备。全面整理自己的学案和笔记，根据具体学科的知识目录，梳理所学，并用1～5星来标注自己的学习效果，明确自己已经掌握和尚有困难的学习点，主动与具体学科老师交流，寻求学习上的指导和帮助，制订学习的计划。

4. 如何进行心理减压?

小雪同学平时学习非常刻苦,学习能力强,老师讲的知识点,一般很快就能学会,做题的效率也很高。但是一到考场上,尤其是正式的考试,她就会感到特别紧张,有时候,明明知道题目复习过,可是脑袋一片空白,平时会做的题反倒答不上来了。满脑子都是"完蛋了""时间来不及了"。因此,小雪感到非常苦恼,不知道该怎么办。

小雪在考场上答不出来原本会做的题,甚至大脑出现一片空白,主要是压力过大造成的,这里有几个关于心理自我减压的建议。

(1)正确认识考试。其实很多考试都只是检查学生当前学习情况的一个手段,考试结果的反馈给了大家查漏补缺和自我成长的机会。小雪可以按照自己目前的学习实力和自己的心态,实事求是地来制订自己的考试目标,不和同学盲目攀比,以轻松、平常的心态来参加考试。在考场上要保持冷静,不要着急答题,可以花几分钟时间阅读题目说明和问题,遇到不知如何作答的题目时不要惊慌,合理安排答题顺序与时间,必要的时候,先跳过不会的题,完成下面自己擅长的题目。

(2)接纳考场上的焦虑情绪。建议小雪进行一个头脑体操,在阅读到以下文字时，可以检验一下大脑里出现了什么？

"请在你的心里想象一种动物，注意，这种动物不能是一只粉色大象！千万千万不要去想一只粉色的大象。不要去想粉色的大象耳朵是什么样子，也不要去想粉色的大象尾巴又是什么样子，千万不要去想！"[1]

这时候，你脑海里或许出现了一只粉色的大象。考试焦虑可能也是这样，当你告诉自己一定一定不能焦虑时，焦虑已经来了。由此提醒小雪同学：考试状态偶尔有波动是很正常的，在考试中产生紧张、焦虑的情绪，这是一种正常的情绪反应[2]，而且适度的焦虑对于考试的发挥是有利的，当感到焦虑时，不要过多地去排斥这种情绪反应，要先学会接纳，带着这种情绪做好当下的事情。如果焦虑情绪实在无法调节，小雪同学可以寻求师友、家长或者其他专业人士的帮助。

（3）增加积极的自我暗示，消除消极暗示影响。每个考生在不同情境下心理的变化不尽相同，因此，要根据自己的情况运用积极暗示进行心理调整，强化信心。小雪同学可以根据自己的情况采用不同的自我暗示语。比如当感觉到大脑突然间一片空白时，可及时向自己的大脑喊停，阻断负性循环，开展积极的自我对话；当情绪过于紧张时可默念"放松、放松、放松"；当心情烦躁时可默念"平静、平静、平静"；当心灰意冷时可默念"我行、我行、我行"。小雪同学还可以把写着积极暗示语的字条放在学习的桌上，如："我有学习能力，我一定能成功！"

（4）学习一些应急放松技巧，比如深呼吸。这是一种简便、易行的方法，平时可以经常训练操作方法，在真正使用时才会得心应手。闭目坐在椅子上，缓慢有节奏地吸气，停几秒钟后，再缓慢有节奏地呼气。还有一种方法是渐进式放松法。如果你的肩部、背部等肌肉紧绷，甚至酸痛时，就可以使用这种渐进式放松法。方法是在放松之前先使肌肉收缩，让原来紧张的肌肉更紧张，达到极限时再突然放松，感受放松的感觉。比如握紧拳头之后再突然松开，同样能感受到轻松。

1　古典.别去想那只粉红色的大象［J］.中华儿女，2013（15）：6.
2　苟增强，祁建梅.调整认知缓解考试焦虑［J］.沧州师范专科学校学报，2006，22（1）：57-58.

5. 如何培养学习兴趣？

小A同学一直以来都是根据家长和老师的安排和要求，按部就班地开展学习。在她看来，学习就是听课、做作业、考试、被奖励或者被批评，从而产生了"学习苦""学习累""讨厌学习"等态度。她从来没有真正地思考过学习是什么，自己其实也非常讨厌这种状态，但在学习的过程中她又始终找不到乐趣，不知道该怎么办。

学生学习不好、不愿学习的一部分原因可能是找不到学习的目的和兴趣，经常听着父母、老师的"劝告"，反倒忘了学习的初心是什么。有时我们对学习的内在态度决定了学习的质量，同时也影响着我们的思维发展。建议小A同学改变被动完成学习任务的心态，积极激发自己内在的动力。

（1）明确自身的学习动机。动机是促进我们产生各种行为的主要原因。小A同学可以列出自己学习的动机，比如："挑战自我""被家长听见/看见""感到安全""获得同学的尊重""得到老师的关注""拥有自由时间""准备将来深造、升学""获得理想的社会地位"，等等。其中了解和理解诸如爱好、好奇心等属于内部学习动机，表扬、奖励等属于外部学习动机，内部动机会更加稳定、持久。同时，学习动机强的学生往往也会有较强的自觉性。因此，可以引导小A同学对学习产生浓厚的兴趣，这个兴趣可以是针对某个学科，也可能是某个学科的某一部分内容。同时鼓励小A同学在困难面前表现出持之以恒的精神。

（2）加强对学习兴趣的了解。孔子在《论语·雍也》有云："知之者不如好之者，好之者不如乐之者。"对事物的兴趣一般可以有三个层次：对学习知识、技能产生的兴趣是第一层次的兴趣，即有趣；在有趣的基础上对学习产生一种特殊兴趣是第二层次的兴趣，即乐趣；对学习与崇高理想、远大目标相联系的兴趣是第三层次的兴趣，即志趣[1]。小A同学可以在对学习兴趣了解的基础上体验学习的快乐。

（3）树立合理的学习目标。学习目标是指学习预期达到的客观标准。小A同学在准备学习时，期待着能如愿以偿，实现预期目标。学习目标一般可分为两种：远期的总目标和近期的特定目标。小A同学可以在一定时间内实现必须做完练习的近期特定目标，也可以不断激励自己向远期目标方向努力。同时，小A同学也可以根据总目标分段设立近期的小目标，并在完成一个个具体的小目标的过程中，不断给自己一些肯定和小奖励，以不断地获得信心和成就感。

（4）增加社会助长的学习体验。社会助长也叫社会促进，是指当他人在场或与他人一起活动时，个体行为效率有提高的倾向。如在图书馆中，当看到其他人专注地翻看书本、认真阅读时，我们或多或少会被这样的学习和工作氛围所感染，于是也沉浸在自己的学习中。建议小A同学可以参加学习小组，通过积极参与合作式的学习，充分自由表达、质疑、探究和谈论问题，感受到学习的快乐。这一过程减少了个人的孤独感，也增强了学习的兴奋感，能和朋友一起学习也是件很开心的事。

享受学习不仅是我们每个人心理需求上的一种本能反应，更是促进我们的大脑产生愉悦情绪的有益刺激源。建议小A同学试着感受所学的各类知识和技能的价值，这样获取知识的渴求也会更加积极。比如：探究奥妙的学习、取得成就的学习、克服困难的学习、获取知识的学习都是良性的刺激源，进而形成一个不断学习的良性循环。

---

1 柯江宁.大学外语教学中的动机、兴趣与途径［J］.南京政治学院学报，2001（5）：84-85.

6.

怎样开展思维训练？

小路是一名初二的学生，他时常感到自己在学习新内容时非常吃力，觉得很多知识点根本记不住。另外在解题时，很多同学都能想到几种不同方法完成，而自己只会按照一种非常固定的程序去解题，不仅速度慢，有时质量也不尽人意。在整理笔记时，小路也发现自己写下的内容不少，但是缺少系统性，不知道如何是好。

思维是人脑对客观现实概括的和间接的反映，它反映的是事物的本质和事物之间规律性的联系，因此，思维训练非常有助于改善小路同学目前的情况。下面分享几个思维训练的方法。

（1）脑力激荡法。小路同学可以在指定时间内，对某一主题提出自己的构想，并在他人的互相引导下，引发新的构想。具体可以采用几种不同形式，比如：自由发言，讲出自己的想法；又或者先将每个人的想法写到纸条上或是小卡片上，再将这些想法进行收集整理。

脑力激荡法在进行过程中着重激发思考，只专心提出构想而不加以评价，不设任何限制，想出越多主意越好，每一个主意都要得到记录。

（2）5W1H思维法。5W代表的是：何人（Who）、何时（When）、何地

（Where）、何事（What）、为何（Why）；1H代表的是：如何（How）。这是一种更像流程的思维训练工具。小路同学可以在日常学习中练习和使用，从不同层面去思考和解决问题，同时不断加深思考的层面，增强探究意识并提升批判性思维能力。

关于思维方法还有5Why分析法[1]，该方法最初是由丰田公司创始人——丰田佐吉提出的。5Why分析法的关键是鼓励解决问题的人努力避开主观假设和逻辑陷阱，从结果入手，沿着因果关系链条，顺藤摸瓜，找出所探求问题的根本原因。要有"打破砂锅问到底"的精神，不断探索，最终找到可执行的解决方案。关于这个方法有一个经典的案例。一个礼堂的墙面总是出现很多裂纹，每年政府花大量资金来修补墙面，后来负责人就找来专家分析原因。一开始专家认为，问题出在清洁剂上，所以解决办法就是更换更高级的清洁剂。后来专家又追问了5个为什么：为什么要冲洗墙？因为墙上有很多的鸟粪。为什么有很多鸟粪？因为有很多燕子在大厦周围筑巢。为什么有很多燕子？因为墙上有很多燕子爱吃的蜘蛛。为什么有很多蜘蛛？因为大厦四周有蜘蛛喜欢吃的飞虫。为什么有很多飞虫？因为大厦窗户大，阳光充足，飞虫聚在大厦里，繁殖很快。问题的根源一下子就被找到了，解决办法也变得简单了，那就是加个窗帘。

（3）思维导图法，这是一种能够刺激思维的思考方法。它的创始人是英国的一位记忆方面的超级专家，他拥有心理学、语言学和数学等多个学位。小路同学可以尝试使用这种思考方法，采用线条、图形、符号、颜色、文字、数字等方式，把想法和信息快速地摘录下来，绘成一幅图。在结构上，这幅图既有开放性，又有系统性。这种方法简单、有效，可以训练小路同学的发散性思维和创造性思维。

小路同学还可以通过思维导图整合信息，改变他以前学习过程中的习惯。比如在本子上密密麻麻地记录着各种各样的笔记，到了考试复习的时候，每个知识点都是零星的、散乱的，还是要拼命地翻书。通过思维导图法记笔记，首先找到学习内容的关键词，然后把与关键词有关的内容归纳到关键词的子项目中，最后把小的思维导图放到大的思维导图中，作为它的一个小的分支。

1　杨天玲.5Why分析法在高职专业课程中的应用实践［J］.中国现代教育装备，2023（05）：169-172.

怎样进行记忆训练？

开学了，小王同学很苦恼，感觉自己难以记住语文中的古诗、古文，英语的单词怎么记都拼不对，物理、化学的原理和公式也很难记住。由于记不住，小王同学就难以获得好成绩，继而失去了学习的动力。于是提升记忆就成了小王同学在学习中最大的愿望。那么，到底应该如何更有效地记住学科的知识点，更快、更牢固地背诵课文、单词呢？

记忆是人脑重要的功能。经历过的事件、接触过的感官刺激、呈现过的知识，能够在大脑中留下痕迹，从而使得人能够不断学习和积累。人的记忆按照信息进入中枢结构的先后顺序和停留时间的长短，可分为瞬时记忆（感觉记忆）、短时记忆和长时记忆三个阶段。

当客观刺激停止后，感觉信息在极短的时间内保存下来，这种记忆叫瞬时记忆或感觉记忆，它是记忆系统的开始阶段。如果这些感觉信息进一步受注意，则进入短时记忆。[1]

在短时记忆系统，我们注意的知识和信息会得到进一步加工，而我们不

1　浩萍.小学生的记忆特点［J］.小学阅读指南（教研版），2011（08）：63.

注意的信息就会丢失。建议小王同学上课时应注意听讲，不能精神涣散，在学习时可以通过默念、默读的方式，进入短时记忆阶段。除此之外，还可以利用"组块"。什么意思呢？比如说，如果小王同学记忆1914191819391945这样一串数字的时候，会发现很困难，因为这串数字有16个之多，超出了短时记忆的容量，小王同学可以整理一下，就会发现这串数字1914、1918、1939、1945正好是两次世界大战全面爆发和结束的时间，那实际上就是一个个"组块"。也就是说，小王同学如果能够将信息组合成容量更大的"组块"，就可以在短时间内记住更多的东西，从而让小王同学的记忆更有效率。

短时记忆的内容，是通过复述进入到长时记忆的。而且，随着时间的推移，长时记忆会不断衰减，变为几个核心要点，当我们需要提取记忆的时候，其实是根据几个核心要点将其他的细节补充完整的。建议小王同学不断复习，并在复习中不断加深对细节的掌握，修正错误。复习次数越多，小王同学的记忆就越牢固。同时，小王同学要将某个对象长时间地、牢固地记忆，就要充分理解这个对象，理解其含义，或者理解其发展变化的过程，这样才能将这个对象转化成意义或者程序性知识，储存进长时记忆。如果是依靠死记硬背去记东西，那么小王同学的记忆中其实都是声音和图像这些表象信息，随着时间的推移，这些信息不断地衰减，且这种表象信息一旦衰减就很难补完。

小王同学在提取记忆的时候，需要相关的线索。建议小王同学从记忆对象的意义，记忆对象引发的情绪、情感，记忆对象朗读的语气、语调、节奏来提取记忆的线索，小王同学也可以了解记忆对象的环境，在背诵这个对象时做的一个小动作等，都可以成为提取记忆的线索。记忆对象的线索越丰富，小王同学提取时就会越快、越顺畅。小王同学在背诵时，还可以把背诵对象配进歌曲，在背诵某个比较难记的细节时加上动作或用特定语调、语气，甚至将背诵对象编进一个故事，都可以帮助他在提取这个记忆对象的时候做到更快、更好。

此外，调整小王同学学习知识时的情绪状态也对记忆效果有影响，如果小王同学学习时非常认同学习的意义，并且心情愉悦，记忆就会更加高效。

8. 怎样培养创新意识?

小明在学习方面努力刻苦、兢兢业业，一般老师布置的学习任务他都能完成，但是他在学习上却有个很大的苦恼。随着国家教育部门对于开发学生的创新能力越来越重视，学校布置的探索任务、制作任务开始多了起来。比如：和同学们组队进行社会调查，要求同学们设计针对某个知识点的海报，或者制作小手工作品，等等。每当遇到这种任务，小明就会叫苦不迭。他对于这类任务完全没有思路，而且他也认为这些任务并不能提高他的学习成绩。他很困惑，想知道应该如何提升自己的创新意识和能力呢？

创新能力，是一项非常重要而又非常高级的能力。社会发展到了一定的阶段，社会上需要的人才已经不仅仅是按部就班的流水线工人，也不仅仅是不辞辛劳的体力劳动者，还需要大量具有独立思考能力、创新意识和创新精神的管理者、设计师、工程师、艺术家等高精尖人才。因此，教育部门逐渐重视对学生的创新能力培养，希望学校有更多的教学环节能够提升学生的创造力。

心理学研究表明，创新并不是凭空捏造，而是基于对相关基础知识的熟练掌握。很难想象一个没有扎实物理学基本功的人，能在火箭设计上做出卓越的贡献，而对农业知识一窍不通的人，想要选育出显著提升粮食产量的新品种也是异想天开。因此，兢兢业业完成作业，认真踏实学好课本知识，是创新的基础和起点。

那么，小明要提升自己的创新意识和能力，除了要夯实基础、牢固掌握课本知识之外，还需要做什么呢？

首先，要善于发现问题、提出问题。具体到探索创新类的作业中，可以将作业的目标具体化：需要搞清楚哪些问题？需要用什么方式去呈现？目前还有哪些欠缺？等等。

其次，需要怀抱着开放的态度，不轻易否定一些看似荒谬的想法。一个看似荒谬的想法并不见得完全不可行，而是需要不断地完善，大胆提出创造性建议，耐心细致地一步步完善，就会成为一个个完整的创新设计，给周围人带来惊喜。

最后，形成创新意识，还要不断地开阔自己的视野。读万卷书，行万里路，不断通过各种方式接触新的事物、新的思路，遇到问题时就能够提出更多的解决办法。大好的自然风光、千奇百怪的风土人情，更多地接触这些事物，往往能让你用更多不同的视角去看问题，从而想到不同的解决方案。

创新意识对于当代社会有重大的意义，努力培养创新意识是将自己打造成能够为社会创造更多财富和价值的高级人才的必然途径。要拥抱创造，积极创造，从解决作业、生活中的小问题开始，不断提升自己的创造能力。

9. 如何缓解焦虑？

在沉重的学业压力下，小红有些喘不过气的感觉。作为高中生，高考涉及的笔试科目一门都不敢落下。此外，为了体育高考的分数还要时常练习高考体育项目，综合素质评定的相关活动也要尽数参加。小红早上7:20就得到校，下午6:00放学，回家后完成作业就要3个多小时，还要给自己开点儿"小灶"，每晚都弄到十一二点才能睡觉。双休日来回奔波于补习班，几乎没有休息的时间，一天24个小时完全不够用。

然而，这样的奔忙并未换来成绩的显著提升。小红始终感到自己的学习成绩"中不溜秋"，远达不到自己理想的状态。在身心俱疲的状态下，她吃不好睡不好，半夜经常惊醒，在独处时甚至时不时泪流满面，情绪波动很大。面对如此重压，小红感到非常焦虑，她应当如何调整自己的状态呢？

当下，学生群体中的一部分人在面对沉重的学业压力时，心理健康状态受到了冲击。心理学研究表明，生活压力是导致心理疾病的重要原因。小红同学如何面对考试焦虑，怎样在学习、生活中调整身心状态，对她的心理健康来说至关重要。

首先，建议小红同学理清现状，并制订合理的目标。其实很多焦虑感来源于目标的不合适。制订学习目标时，不能盲目将超出自身能力的、自己不感兴趣也不适合的目标设立出来，而不考虑自己的习惯、兴趣、水平和承受力。每个人都有各自精彩的人生，都有适合自己的不同的道路。

其次，有了适合自己的目标之后，就要制订科学的计划和作息。小红同学每天需有8小时左右的睡眠，不建议为了多刷几道题而忽视了休息。精神状态始终欠佳，逻辑能力、计算能力、记忆力等学习的关键能力一直受到疲劳状态的负面影响，那么学习的效率就会大打折扣，得不偿失。适当转移注意力、进行深呼吸等放松训练可以帮助她找到更好的状态。在学习、工作之余，去花园走走，听听美妙的旋律，在运动场上挥洒一下汗水，可以让疲惫的身心得到调整，从而提高学习效率。

此外，全面的营养对于长期应对压力的学生也十分必要。饮食结构要足够均衡合理，保证摄入足够的维生素、微量元素、能量物质，以及其他的营养素。人是铁，饭是钢，应对压力时身体处于高消耗状态中，没有均衡饮食的保障，身体将很快耗竭。需要强调的是，均衡饮食不等于盲目进补。绝大多数情况下，通过日常饮食，我们就能获取人体所需的营养物质，进食一些所谓的补品反而有伤害身体的风险。

需要注意的是，小红应随时监测自己的情绪状态是否处于合理的范畴。如果发现满脑子都是逃避、失败，一旦面对学业的挑战就出现出冷汗、心跳加快、肌肉紧张颤抖等躯体反应，甚至茶饭不思、夜不能寐，那么这种情绪已经远远超出了合理健康的范畴。这时小红应该及时向学校心理咨询老师求助，或到医院寻求专业指导，甚至治疗。

如何制订学习目标？

小敏是一名高一学生，她觉得父母给她规划的学习目标难以企及，感到茫然无措、不知何往，只能随波逐流、得过且过。在日常学习中，小敏希望获得好的成绩，又担心之前阶段的学习效果不足以让自己获得好的名次，不知该如何制订学习目标。

合理的学习目标可以帮助学生更高效地学习。具有吸引力的、让学生能够感受到价值的学习目标，可以让学生在学习中保持较高的学习动力，使得学生更持续地保持对学习的热情。制订科学的学习目标也可以促使学生养成良好的学习习惯，学习行为更加高效。因此，引导小敏了解如何科学合理地制订学习目标十分重要。

（1）了解学习目标的种类。学习目标可以按照实现的时间划分成长期目标和短期目标。长期目标是指需要数个月甚至数年的持续努力才能实现的，对高一的小敏来说，理想的大学、理想的工作等都是长期目标；短期目标是指马上能够实现的目标，比如小敏当天晚上要背出30个英语单词等。按照目标与自身的关系，可以将目标划分为内在目标和外在目标。内在目标是指将自身的成长变化作为目标，比如小敏要养成某种习惯、获得某种能力；外在目标则是以外在物质、名誉、奖励等非自身的因素作为目标，比如小敏完成了多少套卷子、每天花了多少时间家务或劳动等。

合理的学习目标就是最能促进自己学习行为的目标。要达到这个效果，最重要的是了解自己。建议小敏依据自己的兴趣、能力、行动力去制订目标，自己不感兴趣、不认同的目标无法促进自己的学习行为，超出自己能力的目标还会徒增挫折感。

（2）小敏在制订目标时，也要有机地结合长短期目标、内外目标，用"组合拳"提升自己的学习效率。建议可以内在、长期的目标，使小敏始终保持良好的学习动力，明晰学习的核心价值；而用短期、外在的目标促进小敏将自己的学习行为细化，比如一周要写几篇作文、一天要进行多长时间体育锻炼等。每一种目标对小敏的学习动力和习惯都有不同的作用，结合起来使用既能保证她不丧失兴趣，又能够让她的学习行为保持规律严谨。

（3）学会调整学习目标。学习目标的制订，是为了让小敏保持良好的学习行为，保持学习热情，引导小敏避免执着于一个长期的目标，即使自己已经对这个目标失去了兴趣和热情，也会觉得，既然是目标，就不可以随便更改。事实上，人们在人生不同的阶段或许有不同的兴趣，也会对自己的能力定位有不同的认识。所以，如果小敏自己确实转变了兴趣和热情，那就要适当调整自己的目标。如果小敏制订了过于繁琐、细致的短期目标，把学习、生活绵密地排成了一道道防盗窗，密不透风，就会学得非常痛苦。如果几个短期目标没有达成，就会感到灰心丧气、焦虑彷徨。建议小敏同学的短期目标可以半周左右的周期去制订，且要考虑自己的行动能力和作息。一方面，劳逸结合才能让人保持良好状态；另一方面，能够不断达成的目标对人才有激励作用。当然，小敏的短期目标如果没有达成，也不必太灰心，不要把目标没达成当成一场灾难，总结一下原因，改进学习行为，制订更加合理的目标和计划，让自己的学习生活规律、有序、有效，才是最需要做的事。

如何激发学习动机？

　　小东并不是一个特别勤奋的学生，比起写作文和做数学习题，在操场上挥洒汗水、在电子游戏中"叱咤方遒"对他有更大的吸引力。因此，他总是草草完成学习任务，以期能有更多时间和精力投入自己感兴趣的事情。然而，父母、师长对小东的学习、生活方式比较担忧，小东的父母经常会问小东"到底要不要学习"。然而为什么要学习？要学习到何种程度？要花费多少时间、精力在学习上？这些问题让小东十分困惑。

　　人的所有主动行为，背后必须要有足够的动力驱动。心理学上，将促进人的行为的心理因素称为动机。那么，促进学生学习行为的心理因素就是学习动机。小东的父母认为小东学习习惯不好、学习不主动，建议父母可以和小东一起探讨学习动机。

　　小东父母要避免采用强硬的手段、严格的奖惩制度，来威逼利诱孩子去学习，这样的举措，会让小东的学习动机消磨殆尽，甚至小东会错误地认为学习动机是不太好改变和树立的，于是就和父母玩起"猫鼠游戏"，破罐破摔。

　　学习是人的天性之一。人的好奇心与生俱来，对于新的知识、新的事物，我们总会觉得应该一探究竟。鼓励小东了解新的知识、掌握新的技能，小东就会有成就感、自豪感。每一门学科都有不同的魅力：在语文学科中，美妙的文字、深刻的思辨，鼓励小东在学习修辞之余体验人生百态；数学是探查世间万物之间关系的思维工具，要激励小东对于数学严谨逻辑性和精确合理结论的追求；激发小东学习英语开阔视野，能够用一种新的语言进行表达和思考的同时，学会站在不同的立场看待问题。小东如果在学习相关学科时，体会到学科的魅力和价值，那么学习就能给小东带来快乐和幸福。

小东如果还没意识到学习的必要性，那不妨将他爱好的体育运动和学习联系在一起，通过奖励来维持学习的行为。在学习一定的时间、达到一定的水平时，用一些小东喜欢的、感兴趣的游戏、体育运动等，对他的学习行为进行奖励，比如，好好做2项作业就吃一块巧克力，一周默写全在85分以上就给自己购买一本精美的小笔记本等。父母可以和小东进行沟通，探讨学习成绩达到一定程度时可以获取何种奖励。但需要注意三点：第一，有时父母给的奖励小东并不见得喜欢，比如孩子努力学习一段时间后，父母给的奖励是课业辅导书或一些文具，而这不是小东自己喜欢的，这样的"奖励"反而会打击到小东的积极性，让小东失去学习动力。第二，奖励的力度要适中，不可以过大，力度过大的奖励会让小东彻底认为，学习就是为了奖励，这样的动机无法长久；力度太小，又达不到激励效果。第三，物质的奖励也要和语言的鼓励结合，通过语言鼓励让小东明白：奖励是针对努力学习的行为，且努力学习不仅可以让自己获得奖励，也可以让自己成为更好的人。

如何掌握学习策略?

小文发现,她虽然一直认真听课,努力学习,效果却不怎么理想。小文觉得自己就是搞不懂数学题的弯弯绕绕。明明听课很投入,题目也没少刷,做题格式也一板一眼,按照知识点套用公式,结果一做却发现进了死胡同。小文还觉得英语她怎么都搞不懂,明明选项读起来很顺口,却是错的;翻译题的得分,总是因为细节问题被东扣西扣。老师和家长总是告诉她,学习要讲求策略,要有学习兴趣和学习动机等,然而小文就是"转不过那根筋",尤其对怎样掌握学习策略,摆脱付出与收获不匹配的窘境而烦恼。

小文在学习上花费了很大的时间、精力,但始终没有好的效果,建议小文父母可以和小文一起探讨她的学习策略。不同的学科有不同的学习策略,相较而言,文科比较注重积累和背诵,其中语文和英语还有细微的差异。

语文作为母语,它的学科要求不仅仅是掌握一些语言规律,更是通过语文学科达成人格塑造、艺术素养训练、情操陶冶等教育目标,因此在语文学习中,应更注重情感的感受,体会字里行间的意境。英语则注重对语言文字的掌握,在答题时应展示自己对知识点、语言规律的掌握,而不是仅追求大概的对错,以及语感的顺畅。

对待理科则需注重理解和应用。简单的刷题、单纯对公式和原理进行记忆，按照某一些"套路"去解题，是不能解决所有问题的，因为同一个知识点，可以从不同的角度去出题，需要不同的策略去解题。因此，解题时需要观察已知条件和未知条件，寻求其中的关系，选择合适的思路去完成理科学习。同时，理科并非不重视记忆，许多基本原理都是需要背的。许多学习习惯有缺陷的学生，往往会在理科的填空、选择题上失分，就与此有关。

对小文的学习缺陷以及学科策略了解比较多的，是她的老师。建议小文应该与老师、家长进行多次深入地沟通，听从老师、家长的建议，调整学习的策略。

此外，做好以下几件事，也许能帮助小文更快掌握学习策略。第一，广泛阅读和了解。任何一个学科的知识点都不是单一的，拥有丰富的课余知识能帮助我们把所有知识点串联起来，并更加深刻地理解它们。第二，了解自己的学习风格。从心理学的角度而言，每个人所擅长的智能是不同的。按照教育心理学家霍华德·加德纳的观点，人有8种不同的智能，包括语言能力、数理逻辑能力、空间能力、运动能力、音乐能力、社交能力、自我感知能力和自然观察智能[1]。在学习不同学科时可以善用自己擅长的能力，去提升学习效率。第三，总结和分析犯过的错误。学习策略的偏差往往会体现在错题中，小文通过积累错题，反思自己错误的原因，可以最有效地避免重复犯错，提升学习效率。

---

1 王树洲.试论多元智能理论的价值与意义［J］.当代教育论坛，2010（10）：17-18.

如何看待学习中的内疚感?

每每到开学前后或者是考试前后时，小明就会有很强的内疚感：后悔自己假期没有早做打算，提早规划；没有充分利用这个超长的暑假去学习和充实自己；没有在之前的课程中认真听课，学会日常积累……面对这样的落差，小明内心很自责，觉得自己没有好好管理、利用自己的时间。针对这个问题，小明想寻求一些解决办法。

每次对于即将开始的假期或者是新学期，很多人总会兴致满满地订下各种计划，想"弯道超车"、努力学习，但是最终却连差强人意都做不到，不免有学生会因此产生没有好好学习的内疚感和悔悟感。

首先，老师和小明需要交流的是，这绝不是小明一个人的困扰。在现实生活中，小明如果能够完成自己设定的目标固然很好，但如果做不到，小明可以与有极高自制力和执行力的同学交流。

其次，小明要学会和自己和解，先和自己说，"没关系，我会从现在开始努力的"。小明之所以会产生内疚的情感，可能是把之前未完成的那个任务、那个目标看得很重要，并为自己没有达成而感到有些自责。其实小明能清楚自己想要什么，什么对自己重要，至少在意识上，小明已经有行动的愿望。

再者，内疚是人们普遍存在的一种情绪，适度的内疚感是人心灵的"报警器"，它能够及时纠正人的人生观和价值观，使人不至于犯一些更严重的错误，并且适度的内疚感还能够提醒人多顾及他人的利益和感受，调节人际关系。但如果小明的内疚情绪过于严重，那会使他自责、紧张，倍感压力和痛苦。

当小明学会体谅自己后，这时候就可以开始思考今后该怎么采取更有效的行动了。

这里向小明介绍SMART原则，帮助小明制订切实可行的目标。

（1）目标必须是具体的（Specific）。

这意味着小明的目标不要设定得太过笼统、宽泛，一定要足够具体。举个例子，小明想要提高语文成绩。那么小明要进一步明确的是，要通过什么方法提升？提升到什么程度呢？

（2）目标必须是可以衡量的（Measurable）。

可衡量就是目标是否达成可以用指标或成果的形式进行衡量。还是以提高语文成绩为例，小明想提高多少分？进步多少名呢？

（3）目标必须是可以达到的（Attainable）。

目标是要能够被执行人所接受的，在自己的能力范围内，凭借个人努力和外在资源可实现的。小明原来的成绩在中下游，如果上来就给自己订了个前十名的目标，难度和挑战都太大了，这种情况下，行动的积极性便很难被激发。所以，小明目标的设定最好是在自己能力之上一点，一点点提升。小明应该清楚自己当前的情况如何，自己的能力水准到底处在什么位置。

如果小明设置的目标确实比较大、比较长远，近期难以达成，还可以采用另一个方法，使其容易达成，那就是把大目标分解成小目标。把一个原来处在很高位置的大目标，一步步拆解成阶梯状层层递进上升的小目标。通过这样的方法，小明可以从最当前的小目标开始完成，完成一个后再做下一个。

（4）目标要与其他目标有相关性（Relevant）。

比如一个目标的实现，与其他目标完全不相关，或相关度很低，那这个目标设定的意义也不是很大。建议小明在制订目标时能同时结合其他计划。

（5）目标必须具有明确的截止期限（Time-based）。

时限性就是指目标是根据事情的轻重缓急设置时间限制的。所有的目标和计划都需要有个完成时限，什么时候开始，什么时候结束。如果没有目标时限性的存在，小明的目标很有可能永远停留在意识层面，而无法付诸行动了。小明可以想想自己有多少想要做，但还没做的事情？这样的事情通常没有外部的压力和时间限制，那自己又会有多大的意愿开始实施呢？

另外，小明在目标执行过程中也不要忘了给自己一些及时的正向反馈。感谢自己为了目标的达成而付出的努力和取得的成果。比如说，每完成一个小目标，就给自己一句鼓励的话语，或者犒劳自己一顿美食，又或是奖励自己欣赏一部电影……

还有，也不要忘了在目标执行过程中给自己一些适当喘息、休息的机会，毕竟劳逸结合嘛！

"往者不可谏，来者犹可追。"我们每天都在迎接新的开始，根据心理学效应——耶克斯-多德森定律，适当的焦虑和内疚能够促使我们有更好的任务表现。小明在接纳情绪以后，不必纠结和内疚，再次制订计划，开始行动吧！

14.

如何进行理性思考？

A同学某次考试成绩不理想，开始对自我产生怀疑，脑海里经常浮现"我不是学习的料"这样的话语，不敢将试卷与同学分享、交流，害怕同学看到自己的分数。同学们在说笑的时候，不经意间瞥了他一眼，A同学就以为是在嘲笑他。回到家中A同学也变得沉默寡言，眼神闪躲，不敢直视父母的眼睛，害怕父母聊到有关成绩的话题。写作业的时候不能专心，总是回想考试分数，不断否定自己的学习能力，甚至产生自卑心理。A同学也觉察到自己的问题，但是不知道该如何改变现状。该怎么帮助他呢？

理性思考就是对所面临的事物和问题进行推理和判断，而避免直觉式思考。A同学由于生活阅历的缺乏，以及思维本身的不成熟性，容易产生不合理的认知和想法，不仅影响A同学自身的心理健康，也影响了他的人生发展[1]。建议A同学进行理性思考，对考试失利的原因进行全面地分析、推理和判断，可能是在学习过程中没有把握好此次考试的重点，未对考试重点进行复习，导致失分过多；也可能是近期睡眠不足，考试期间注意力不集中，导致发挥失常。

1　罗晓珍.青少年理性思维的培养［J］.哈尔滨职业技术学院学报，2005（04）：41-42.

总而言之，导致考试成绩不理想的原因是多方面的，不能因为一次的考试失利而对自己产生怀疑，否定自己。要鼓励A同学破除非理性思考的荆棘，正视自己，直面失败和困难，让理性观念不断成长、壮大。

第一，A同学可以尝试转变"唯考试论"的观念，树立积极的人生信念。要有开放的人生态度，接纳每一次挑战和失败，将每一次考试都当作学习知识的途径、过程，而不是最终的结果，不管成绩如何，都是积累知识的宝贵经验和财富。引导A同学明白，不可能做到事事完美，要敢于面对现实、面对失败，没必要对成绩过分苛求，要主动分析成绩不理想的客观原因，并积极改正，在面对每一次考试和人生中每一道难题时，尽力而为就好。

第二，A同学可以尝试主动学习，掌握科学思考问题的方法。要实事求是，不能凭主观臆想或者情绪冲动，就对客观现实做出非理性的判断。要学会用发展的眼光看待问题，一次失利可能并不是坏事，在失利后更容易找到自己的缺点和不足，从而补足短板，为下一次的成功打下坚实的基础。自己眼中的世界，并不代表全面真实的世界，在非理性思考的驱动下，你看到的都是负面信息，总以为同学们的一个眼神、一个笑容都在鄙视自己、嘲笑自己，因此，要主动与同学们多沟通，消除误会，寻求客观真相。

第三，A同学可以主动寻求老师、同学和家长的帮助。向老师请教错题，寻找提高学习效率的方法和途径；与同学分享经验，直面考试失利的现实，及时调整自己的学习状态；和父母交流思想，宣泄负面情绪，提升抗压能力。同时，要积极参与班级、学校甚至社会组织的社团活动和实践活动，多与其他同学进行沟通、合作，积极接受别人的帮助，也要乐意帮助别人。要提早融入社会生活，加强与真实生活的接触。丰富多彩的社团活动和实践活动，可以弥补书本知识的不足，丰富自己的人生体验，促进自身与同学之间以及与社会之间的友好情谊和良性沟通，这样有助于消除自卑情绪，形成积极、宽容、务实的生活态度。

15. 如何排除杂念？

　　小A同学开学后上课总是心不在焉，注意力不集中，脑子里一直在想自己在假期里没有合理安排时间，落下很多功课，担心自己学不好，会落后同学很多，也担心家里爸爸妈妈会唠叨。小A同学上课时还会想着假期里网络剧的一些情节，在课堂上做练习题时也会想起一些与做习题无关的小事，如：同桌小华同学的鞋子很好看，放学后和好友到哪里买一些零食吃，等等。小A自己明明也知道不应该这样想，但不知道如何排除这样的杂念，让自己专心学习。

　　2010年哈佛大学的一项研究显示：人们每天有47%的时间在胡思乱想，而且主要是在想令他们沮丧、焦虑的那些事情。如果将人们的注意力转移到自己正在做的事情上，那么将大大地增加自己的"心理弹性"[1]。所以接触当下就意味着不要沉湎过去或是过度担忧未来，而是要把自己的精力充分投入当前正在做的事情上。如果你对当前的低效学习而感到懊恼，或是对接下来的学习生活充满担忧，没关系，你可以主动求助，把这些懊恼或担忧向老师、家长倾

1　江西师大附中心理健康教育中心.复学在即，也为心灵戴上口罩吧！［EB/OL］.https://
　　www.sohu.com/a/394153438_718523，2020-05-10/2023-08-02.

诉，得到他们的帮助，一起商量自己"现在"可以做些什么，然后全身心地投入到这些事情中。

首先，建议小A同学掌握合理、有序的学习节奏。小A同学当下就是要跟着老师的节奏开启新学期的学习生活，努力把学到的知识弄懂、弄透，不要让自己的知识漏洞变得越来越大。小A同学需要仔细思考自己在假期里没有学好、学牢的知识，把它们都一一整理出来，然后向同学或者老师请教，一步一步地解决自己的困惑。相信小A同学在把握当下的过程中，能够逐渐积累信心，开始享受新学期的学习生活。

其次，建议小A同学处理好人际关系。为了处理好人际关系，就要对自己有明确要求，从我做起。这句话的意思是说：可以主动和好友、家长、老师交流，让他们接受自己、理解自己。想让别人尊重自己，接纳自己，自己首先应当尊重别人，这并非是一种软弱无能的表现，也不是一种极力讨好的消极态度，而是表现出一种发自内心的旷达胸怀，以便排除一切外来干扰，精进奋斗的精神境界。

同时，有时同学、家长不能完全理解自己、接纳自己，小A同学也没有必要生气、郁闷，只有在实际生活之中不断磨炼，形成健康向上的心态，才能不断增加自己的"心理弹性"。

最后，建议小A同学加强专注力训练。开学后小A同学每天都有许多事情要做，那么，如何才能排除杂念呢？小A同学可以进行专注力训练，如在新学期制订学习生活规划，可以是一星期一次，也可以是一月一次，然后不慌不忙地坦然跟着计划去做，并且争取完成。学习生活规划制订后，可以邀请家长、老师监督自己规划的实施情况，可以从规划中自己感兴趣的那部分做起，喜欢与兴趣的培养是专注力训练的关键。完全放松自己的情绪，然后慢慢集中注意力。同时，小A同学在做一件事情的时候，就不要去考虑其他的事情，一心一意去完成，如果背着其他的负担去做一件事情，就不一定能把这件事情做好，反而增添了另外的麻烦。只有思想上没有负担，杂念才能跟着减少。

16.

如何学会放松？

　　小刘是一名九年级学生，因意识到了中考的重要性，她开始害怕考试，一听说要考试就紧张不安。到期中、期末考试，就更严重了，第一学期期中考试的时候因为考试紧张，小刘在考场上大脑一片空白。有了这一次经历，她更加害怕考试了。尽管离中考还有一段时间，但是由于害怕上一次的经历再出现，小刘感到更加紧张和不安，内心慌乱，无法集中精力，特别担心考不好会让父母失望。她特别希望能够找到一种有效的放松方法，让自己静下心来准备即将来临的中考。

　　过分担心没有发生的事，无法集中精力，无法正常学习，这种紧张感可能很多人都曾有过。一般来说，这种紧张是暂时的，在解决紧张的事情后会平静下来。也有人因为紧张导致失败，加剧了紧张感，严重的甚至会出现失眠、头疼、心慌、肌肉紧张等身体反应。那么，我们在紧张时，如何进行放松呢？

　　首先，小刘同学由于太过在意考试结果，预想自己考试会失利，过度糟糕化结果。这种认识是导致紧张心态的原因。因此，小刘需要先建立合理认知，如：由于我平时学习认真努力，所以大型考试的成绩应该是和平常差不多的，不一定会失利；中考也只是一次考试，和平常考试一样，平常考试我不怕，中考也只是做卷子罢了，我是有经验的；我只要和平常一样，正常发挥就可以了，不可能人人都超常发挥的；万一考得不理想，我尽力了，父母也是能理解我的。

考前，小刘可以将这种理性认识，变成简短的自我暗示语。利用自我暗示，消除紧张心理，增强理智力量，保持镇定。如"我能行""我相信自己""考试就是做题目罢了"。暗示语可以根据自己的情况自行设置。

其次，掌握简单有效的放松训练方法，紧张时就可以调整自己的紧张状态。放松训练的好处是可以随时进行自我调整，也不需要他人帮助。通过重复的练习，可以有效缓解紧张情绪，让人可以恢复到正常状态。最常用的放松方法有：呼吸放松法、肌肉放松法和想象放松法等。建议小刘同学也可以和老师、家长一起讨论其他有效的放松方法。

（1）呼吸放松就是腹式呼吸，也是我们常说的"深呼吸"。在进行可能引起紧张的活动之前，让自己的呼吸平稳而舒缓，会让身体放松下来。

采用这种方法时，我们需要尽量排除头脑中的其他念头，把注意力集中到自己的感受上来，然后用鼻子慢慢地吸气，默数3～5秒，把空气吸到身体最深处，如果操作正确，这时候你可以感觉到肚子慢慢地鼓起来，接着屏住呼吸3秒左右后，再把气慢慢从嘴巴里呼出来，可以感觉到自己的肚子缓缓地变平坦了。以上的动作，要反复练习。刚开始不熟练的时候，练习的次数尽量多一点，感受到情绪没有之前那么紧张了，之后可以根据情况慢慢减少。每次练习至少进行3～5次。

（2）肌肉放松法。这种方法是通过对全身不同部位肌肉的放松，逐渐使全身放松下来的一种方法。感觉到自己身体哪里紧张，也可以直接放松该部位。

可以先从面部开始，先把眉头紧紧皱起，尽量保持久一点，然后松开；很用力地闭着眼睛，保持住，接着睁开；把嘴巴尽量往两边咧开，保持住，再松开。

面部放松后进行颈部放松。把头低下来，低到不能再低了为止，注意不要弯腰，坚持一会，然后还原。把头往后仰，后脑勺尽量靠近背，保持一会后还原。

接下来进行肩膀放松。双手下垂，做耸肩的动作，肩膀尽量抬高一些，保持一会后还原。

手臂放松时双手平举，手心向上、向下均可，用能用的最大力攥紧拳头，坚持住，再松开；然后向两侧打开双臂，双臂尽量往后夹紧，保持，还原。这里既放松了手臂也放松了后背。还可以弯着腰，垂着双臂，然后自由抖动一会，这种方式也可以放松手臂。

放松胸部时好像是用双肩在胸前抱着书本的样子，双肩尽量靠拢，保持一会后还原。

放松腹部，就是要尽量吸气，收紧肚子，这感觉像肚皮在用力找后背，保持一会后还原。

放松双腿很简单，采取坐姿，然后抬起双腿，伸直，还要勾住脚尖，感觉小腿发紧，保持一会后放下来即可。

还可以放松脚趾，让脚背弯曲，脚趾用力抓，像刨土的感觉就对了，保持一会后还原。

以上方法是全身肌肉的放松，也可以单独放松某个部位，多进行几次即可。

（3）想象放松法，就是静下心来想象一个令自己舒适的、感觉轻松的场景。可以随时随地进行，对环境没什么要求，也不需要什么道具，简单易行。例如，同学们在课间休息时，就可以坐在自己的座位上，闭上眼睛想象：这是自由愉快的一天，我悠闲地到绿地里逛逛。天空蓝蓝的，几朵白云漫无目的地在天上飘着，荡着。温暖的阳光洒在身上，舒适极了。微风吹来，闻到了阵阵花香。还看到一片碧绿的草坪，躺在草坪上，随意地舒展着胳膊和腿，感受着春天的气息，惬意极了。

担心考试的同学还可以想象考试时的画面：我拿着准考证和考试文具，与同学一起有说有笑地走进考场。我走到考场门口，抬头核对了考场无误，监考员看了看我，例行检查后就放我进去了。……开始发试卷了，我拿到试卷和答题卡快速检查，字迹清晰，开始答题。刚开始一切还算顺利，但遇到了难题，不能确定答案。先放放，先做别的。在距离考试结束15分钟的时候，终于完成了。再检查了一番。铃声响起，考试结束。

想象放松法可以结合音乐进行，建议运用没有歌词的、节奏缓慢点的音乐，避免使用节奏感较强的音乐。呼吸放松法熟练后，也可以和想象放松法结合起来使用。

如何合理宣泄？

　　轩轩是一名情绪容易激动的孩子，别人不小心撞了他一下，他便认为别人是故意伤害他的，于是愤怒不已，然后开始责骂或者攻击他人。老师批评他一句，他便忍不住悲伤，久久不能平复心情，脑海中一直回想这件事，无法静下心来学习。马上要期末考试了，轩轩倍感压力，每天晚上学习到很晚很晚，半夜睡不着起来大喊大叫，撕纸、捶打自己的脑袋。为此，轩轩日益憔悴，更加没有精力学习，陷入恶性循环中，他实在不知道该怎么办。

　　我们常说积极、消极情绪的存在都是合理的，负面情绪的发生也是难免的，但如何宣泄负面情绪则是我们应该关注的问题。当同学撞了轩轩时，轩轩因为愤怒而选择回击，这其实也是一种宣泄方式。但是，这种方式合理吗？显然不合理，因为它会引发更大的冲突，伤害到自己和他人。再比如，面对批评，轩轩选择一直陷于悲伤；面对学习压力，他选择熬夜苦战、自我伤害。这些宣泄方式都只会让轩轩更加不安，无法积极投入学习和生活，因此都是不合理的。那什么是合理宣泄？我们又该如何合理宣泄呢？

　　合理宣泄是指在不伤害自己和他人的前提下，选择不同的方式宣泄不同的情绪。比如面对愤怒，轩轩首先要冷静分析：对方做了什么？我感受到哪方面受到伤害了？我希望对方怎么做？然后采用合理的方式宣泄自己的愤怒。假如对方不是故意的，并且没有造成伤害，要求对方道歉便是一种合理的方式；假如对方是故意的，那轩轩可以发出警告，并且告知老师，宣泄愤怒的同时要学会保护自己，尽量不要激发更大的矛盾。面对老师的批评，轩轩可以先自我消化，有则改之无则加勉，实在难过可以向好朋友和家长倾诉，以寻求安慰和开解。面对学习压力，轩轩可以向老师求助，在老师的帮助下制订一个合理的学习计划，劳逸结合，更有利于轩轩应对压力。

学习和生活中，每个人都难免会有不顺心的时候，都会有宣泄不良情绪的需求，常见的、简单有效的宣泄方式主要有如下几种：

（1）倾诉宣泄。快乐有人分享就可以放大快乐，痛苦有人分担就可以减轻痛苦。不愉快的事情藏在内心深处，会增加心理负担。当我们遇到不愉快的事时，不要自己生闷气，把不良情绪压抑在内心，而应当学会倾诉[1]。可以与父母或知心的朋友说一说，与信任的师长谈一谈，就事论事倾诉一番，把自己的负面情绪倾诉出来，身心都会轻盈不少。

（2）运动宣泄。当人有不良情绪时，机体会产生大量的能量，此时可以通过运动把这些多余的能量释放出去，如打打球、跑跑步、整理一下书桌等。这种宣泄方法既不至于使不良情绪积压而危害身体，也不至于因放任自我而做出无可挽回的事情。

（3）书写宣泄。产生不良情绪体验时，内心十分激动、烦躁，坐立不安，此时可以默默地写日记[2]。写日记是最常用和最有效的自我宣泄方法。通过写日记，可以不受任何限制地宣泄心中的情绪，最终求得心理的平衡。除了写日记，埋头练习书法、画画都是一种以静制动的宣泄方式。

（4）哭泣宣泄。哭是人类的一种本能，是人的负面情绪的直接外在流露。从医学角度讲，短时间内的痛哭是释放不良情绪的最好方法，是心理保健的有效措施[3]。但也不要遇事就哭，长时间持续哭哭啼啼，反而加重了不良情绪体验，影响了身心健康[4]。

1 唐荣.论大学生的情绪管理［J］.徐州教育学院学报，2008（06）：59.
2 李博.大学生的不良情绪及其调控［J］.四川理工学院学报（社会科学版），2006（01）：170-172.
3 唐荣.论大学生的情绪管理［J］.徐州教育学院学报，2008（06）：59.
4 刘枚.精神疾病偷袭白领丽人［J］.环境，2002（03）：21.

除以上方法外，打沙包或者使用情绪宣泄设备进行宣泄，也是情绪宣泄的有效方法。但是，我们不能在没有任何陪伴和监护的状态下使用过激甚至暴力的手段进行心理情绪宣泄。因为这样不仅有可能造成不良的后果，威胁到自身和社会的安全，还很难达到良好的发泄效果，甚至会对心理健康有负面的影响。在心理宣泄的过程中要注意选择合理的方式和场合，最好在专业的心理宣泄室中、在专业人员的引导下、使用专业的心理宣泄设备进行合理、有效的宣泄[1]。这样既可以达到有效进行行为宣泄的目的，还可以避免不良宣泄或过度宣泄。

---

1 谢晓燕，周勇，叶永豪.新冠肺炎疫情下罪犯心理危机干预探析［J］.犯罪和改造研究，2020（09）：41.

如何提高自学能力？

　　小依是一名高一的学生，初中时老师对学生的学习管得很严格，指导也很细致，每天学习什么、什么时候预习、什么时候复习、何时总结，老师都有要求，跟着老师的要求做就行，什么都不用想，一切都是很自然的。在这样的学习氛围下，小依初中的成绩一直都不错，中考后顺利进入一所不错的高中。可是上了高中以后，老师不再像初中那样要求，小依突然不会学习了。每天都有很多的作业，都不知道该如何安排了。看着周围的同学，都有条不紊地安排自己的学习任务，小依感觉很迷茫。眼看学习成绩一点点的下滑，小依很着急。那么小依该如何提升自己的自学能力呢？

　　小依的这种情况是很多学生升入高中后都会面临的问题。在初中，什么时间做什么事，一切学习都由老师安排、老师监督，很多学生没有自己的学习计划和明确的学习目的，这是一种被动式学习。高中阶段，随着知识难度的增大，教学方式的转变，主动学习成为重要的学习方式。建议小依同学努力提高自己的自学能力，主动思考，发现问题和解决问题，积极适应高中阶段的学习生活，才能获得良好的成绩。

　　那什么是自学能力呢？高中阶段我们的自学能力可以是指自主学习的能

力，是一种"元认知"监控的学习，也就是我们主动制订学习计划并主动学习新的知识、技能，并在整个过程中不断的自我反思、自我总结、自我评价和自我监督的一种综合能力。所以，自学能力它不是某一方面的能力，而是一系列能力的总合。那么，小依同学应该如何提升自己的自学能力呢？

首先，要提升主动学习的意识，主动思考，带着问题去学习，培养良好的学习习惯。古语云，"学起于思，思源于疑"，主动思考，发现问题的能力，是自学能力的基础。听同样的课，做同样的练习题，但是每个同学面临的重难点是不同的，只有经过主动的思考、加工后，学习才是有针对性的，也是更加高效的。学习过程中，坚持主动思考，主动提出问题，带着问题去学习，当这种主动成为一种习惯，自学能力也会慢慢提高。

其次，加强学习的计划性，主动做好学习规划。高中阶段每天学习任务量很大，如果分不清轻重缓急，就会很忙乱。制订学习计划，要先梳理自身学习情况，找出问题所在、最需要提高或最薄弱的地方，制订明确、清晰的学习目标。而且，制订学习计划不能追求全面，更不能盲目跟从别人，而是要突出自己当下阶段需要学习和提升的重点，好的计划是适合自己的，而不是完美的。同时，小依同学在计划执行过程中，要及时检查自己完成的情况，发现计划存在的问题，找到原因，对计划进行完善。

再者，提升对学习过程的监控能力。学习的自我监控能力是自学能力的重要指标之一。所谓监控能力就是对学习过程中出现的问题保持敏感，及时发现，并积极应对的一种能力。很多同学，对学习中存在的问题不敏感，不自知，或者发现了问题，但是消极应对，只是着急或者自暴自弃，导致问题不断积累，最终影响学习成绩。自我监控能力可以通过写学习日记的方式进行训练。比如，可以写"思路性日记"，将重要的、有难度的课堂作业，一步步地分析解题思路，展现自己思维的原过程；还可以写"质疑性日记"，对课堂上老师或同学的思路或想法有不同意见，而又来不及在课堂上提出来进行深入讨论的，可以在日记中详细阐述自己的理由，并提出修正性的意见。[1]

最后，定期的总结和反思。学会自主总结经验和教训，在学习、生活中能主动发现错误和不足，才会有机会改正，才能积累有效的经验，让自己不断进步。小依可以准备一个"学习纠偏"本，用来记录自己学习中遇到的问题及

---

1 朱永祥，小学生元认知技能培养实验研究报告［J］.教育研究，2000（06）：74-77.

解决办法，让自己清楚自己的每一个问题，知道根源所在，这样再遇到同样的问题，自己就能轻松应对了。另外，在总结和反思的基础上，不断地调整，慢慢摸索适合自己的学习方法和节奏，让其慢慢成为自己的一种习惯化的行为方式。

自学能力的提升不是一蹴而就的，而是一个长期、逐步发展的过程。这个过程没有捷径，唯有行动，唯有坚持。相信在我们的坚持、努力下，自学能力一定会逐步提升。

19.

如何培养想象能力？

小强是一名高二的男生，遇到数学题总能顺利解决，可是遇到作文就犯迷糊了，尤其是在故事创作方面，细节表达困难，难以想出生动、有趣的情节。他说："根据一些真实的东西，发挥想象力去编其他的东西，我真的想象不出来，每到这个时候，都会感受到自己大脑一片空白，尤其是和能滔滔不绝讲一大通的同学比起来，我会惭愧得无地自容，觉得自己很笨、很蠢。"

想象力是在大脑中描绘图像的能力，当然所想象的内容并不单单包括图像，还包括声音、味道等五感内容，以及疼痛和各种情绪体验，这些都能通过想象在大脑中"描绘"出来，让你体验到身临其境之感。想象力包括了创造力、洞察力、联想力等多方面的素质，那些创造力强的文学家、艺术家往往都是特别善于思考、善于创新的人，具备较高的想象能力。小强也正是因为想象能力不足，才会出现上面描述的状况，提升想象能力也是提升小强语文成绩的关键。对于像小强这样的学生，以下几种具体的建议，可以帮助他提高自己的想象能力和文学创作能力。

（1）多读书，学习文学表达技巧。阅读是提高想象力的有效方法之一。小强可以阅读各种类型的书籍，如小说、诗歌、散文等，这些书籍不仅可以帮助他拓展自己的想象空间和细节表达能力，还可以帮助他学习文学表达技巧。在阅读的过程中，他可以注意作者的表达方式、情感表达和语言运用等方面，通过模仿、学习这些技巧，同时与其他文学爱好者交流、讨论，与其他人分享自己的文学体验和想法，从而提升自己的想象能力和文学创作水平。

（2）多观察，提升细节敏感性。观察周围环境是提高想象力的另一种方法。小强可以通过观察周围的人、事、物来获得灵感，并将这些灵感转化为自己的创意。观察的过程中，他要细心、敏感，注意每一个细节，从而提高自己的细节表达能力。他可以观察人们的行为、情感和表情，观察自然的美景、气息和声音，观察建筑物、艺术作品等。观察的过程中，还可以思考自己的感受和想法，必要时将这些内容进行记录，在需要时尝试将这些内容转化为自己的文学作品。

（3）多学习，拓宽想象空间。小强还可以学习其他艺术形式，例如绘画、书法、音乐等，这也可以帮助小强更好地表达自己的想象力和感受，并丰富他的文学创作。他可以学习如何利用色彩、线条和形状来表达自己的情感和想法，学习如何利用音乐和声音来表达自己的情感和想法，学习如何利用影像来表达自己的情感和想法。小强还可以通过听音乐来激发想象力，尤其是没有歌词的音乐，和他人讨论听到了什么、感受到了什么，是鸟语花香，还是狂风暴雨？是宇宙漫步，还是时空穿越？这些不同的艺术形式可以帮助他拓宽自己的想象空间，激发自己的创造力，提高自己的文学创作水平。

（4）多练习，提高联想能力。进行想象力练习可以帮助小强锻炼自己的想象力和细节表达能力。他可以尝试想象各种场景和情境，例如想象自己是一只小鸟、一只海豚、一个冒险家等。这些练习可以帮助他拓展自己的想象空间，提高自己的联想能力，并且可以帮助他将想象力运用到自己的文学创作中。还可以通过体验和锻炼其他感觉，如触觉、视觉、听觉、嗅觉、味觉等，帮助他产生灵感，灵感对想象力和创造力同等重要。小强可以戴上眼罩，依靠听觉、触觉等感觉世界，闭着眼睛听故事，感受和睁着眼睛时的不同感觉。在进行想象力练习的过程中，他可以注意细节和情感表达，尝试将想象力与现实生活联系起来，从而提高自己的文学创作水平。

此外，提醒小强注意把握接触手机、电脑、游戏机等电子设备和提升自己想象力的关系和分寸。提高想象力是一个系统性、长期的过程，需要通过多种方式进行训练，感到无聊的时候，不妨让自己安静一会儿，看看书，了解作者笔下那些有趣的人和事，拓宽自己的视野、涵养，丰富自己的学识，提升想象空间与创作能力。

20. 如何开展考前心理训练？

每一年的中考都会引起学校、家庭和社会的广泛关注，主要是由于中考某种程度上决定了考生以后的前途。小A的中考目标是考上一所重点高中，然而当她即将踏进中考考场的前几天，她突然连续几天觉得特别的紧张，自己预想中的那种冲刺时刻的完美学习状态突然就没有了。同时，最近几次模拟考试，小A都会因为紧张导致大脑一片空白，考试结果也不太理想。小A不知如何进行考前心理训练。

小A的过度紧张状态有可能存在一些考试焦虑的情况。一般而言，紧张属于一种身体、心理的暂时反应，紧张持续到影响了学习、生活称为焦虑。老师建议小A开展有针对性的考前心理训练。

首先，建议小A同学察觉和接受自己紧张的状态，每当体验到这种感觉时，尝试用放松技术让自己放松下来。这里并不是说完全不紧张，而是让紧张感从较高水平降低到适中的水平，遇到比较重要的事件，适度的紧张能够激发我们的潜能，帮助我们更好地应对。

其次，许多研究已经表明，绝大多数考生在考前都有紧张情绪，这是正常现象。适度的紧张可以维持考生的兴奋性，增强学习的自觉性和积极性，提高学习效率。

根据相关研究，考试紧张情绪和能力水平、生理心理状态负相关，和抱负水平、过往考试失败经历正相关。小A可以根据自己的情况了解自身考试紧张的原因，接纳这种紧张情绪，对导致自己过于紧张的看法要进行合理的解释，做当下情况中可以做的事情，以缓解过度紧张的情绪。此外，小A同学还可以去学校心理咨询室寻求专业心理咨询师的帮助，缓解紧张情绪。

从个人角度来说，学生该如何开展考前心理训练呢？

第一，可以适度的休息、娱乐和锻炼。根据个人情况，转移注意力到能够让自己从过于紧张的情绪中解放出来的事务和活动中去，例如过于紧张时可以弹弹钢琴，进行冥想训练，跑步，和亲近的长辈交谈等。

第二，根据过往经验，对自己的能力和成绩有一个合理的认识，找准自己的定位，客观地提出符合自身能力水平的考试目标，不抱侥幸心理，只要考出正常水平就行了，能超常发挥更好。

第三，寻求关系的支持，学会宣泄，及时向老师和家长进行有效倾诉（选准合适的倾诉对象，达到可以舒缓情绪的目的）。

第四，学会积极的自我暗示，对于考前和考中的事情都可以做正面解释，例如小A可以自我暗示：考前紧张总比考试中紧张要好，及早地发现问题更有利于中考正常发挥。这些积极暗示和解释可以达到提升自信，缓解紧张情绪的效果。

第五，梳理对于中考这件事的不合理认知。需要正视这件事对我们的影响，既不蔑视也不夸大，合理预见可能发生的结果，尽力做好准备就好。考试过度紧张其中一个因素可能就是考生对考试的不合理认知。常见的关于考试的不合理认知有：一旦考砸了，就没有脸面见父母（首先，根据你平时在学习上的付出，考得特别离谱的概率不高；其次，考好固然重要，但无论考得怎么样，父母都会接纳自己）；如果考不上重点高中，我就完全没有前途（条条大道通罗马，前途是多样化的）；考前的紧张一定会导致考试失败（一点都不紧张也不利于考出正常水平）。

通过认知调节，小A可以让自己保持良好心态，促进考试成功。

如何进行积极的心理暗示?

聪聪是一名学习成绩优异的8年级学生,大家都夸他很聪明,他也很在意自己的学习成绩。学期末,大家都开始了忙碌的期末复习,聪聪也期待能考出好成绩,他要求自己每一门考试成绩不能低于95分。但他遇到了一些困扰:他很想认真听课,暗暗告诫自己不要走神儿,却总是控制不住地走神儿;他想让自己做题效率提高,不要浪费时间,可是读了几遍题,连一点思路都没有;他有点失眠,越是想快点睡着,却怎么都睡不着。聪聪很是沮丧,觉得自己的状态太糟糕了,一切都无法掌控,看来期末考试也不会有什么好结果了。

可以看出聪聪对自己进行了消极的心理暗示。心理暗示是生活中最常见的一种特殊心理现象。它是人或周围环境以言语或非言语的方式向个体发出信息,个体无意识地接受了这种信息,从而做出一定的心理或行为反应的一种心理现象。[1]心理暗示是无处不在的,受暗示性是每个人的心理特性,暗示有积极与消极之分,积极的暗示能够对人的心理、行为、情绪产生一定的积极影

---

1 蒋丽琼.积极暗示在教学中的应用探讨［J］.常州信息职业技术学院学报,2004（08）:
48-49.

响，使事情达到自己想要的结果。消极暗示则会扰乱人的心理、行为，以及人体的生理机能，使事情偏离自己想要的结果。

1968年，美国心理学家罗伯特·罗森塔尔和助手们来到一所小学进行实验。罗森塔尔在实验中将一份"最有发展前途者"的名单交给了校长和相关老师，并提醒他们保密，其实实验中的学生是随机选择的。结果发现，凡是在名单中的学生，成绩都有了很大的进步，他们的性格变得更加活泼、开朗，自信心强，求知欲旺盛，乐于和别人打交道。这种现象叫作罗森塔尔效应，也叫期待效应。[1]实验者先是给校长、老师提供了一种积极意义的信号，让他们对那些选中的学生有了更高的期望，而学生又从学校老师这里感受到了这种"正能量"，他们得到了更多的关注和激励，所以他们进步比较快，这反过来又给老师和学校一种正反馈。

而案例中，聪聪虽然曾多次告诉自己要怎么做，但是所做的暗示都是消极的心理暗示。例如：他不断告诫自己"不要走神儿""不要浪费时间"，所使用的都是否定性的语言，结果越暗示，越达不到自己想要的结果。

如何进行积极的心理暗示？

（1）语言精准。

暗示的目的是为了调动潜意识的力量。聪聪可以对自己说"我能行""我会学会的""我一定能考出好成绩"等简单、精练的语言进行暗示。

（2）目标可行。

暗示语要有"可行性"，不能让自己的心理产生矛盾与抗拒。也就是说，暗示语的选择要符合聪聪的实际情况，经过自己的努力是可以实现的。如果聪聪觉得"期末考试每一门不低于95分"可能性不大的话，选择一个自己心里认同能够接受的目标，例如，"我争取每一门都能达到优秀"。

（3）用肯定句。

我们也许都有这样的经验，骑车时，看到路上有一块石头，你不断告诫自己不要轧上去，这时你可能就真的会轧上去。我们可以引导聪聪这么想，"我一定能够绕过去"，这样才能实施肯定性的暗示。因此，聪聪可以把暗示性语句"不要走神儿""不要浪费时间"等改为"我一定会听懂""我一定能按时做

1　杨震，朱伟杰，汪继峰."罗森塔尔效应"与激励教育法［J］.中华家教，2003（12）：36.

完习题""我一定能考好"等积极性的语言。

（4）反复强化。

积极暗示往往不是一蹴而就，需要不断练习。因此，聪聪可以每天晚上睡觉前或清晨起床前，用鼓励性言语对自己进行积极的暗示，也可把重复性的积极信念写下来贴在或放在自己每天都能经常看得见的地方，每天早晚大声地说出来或在心里默默地说五遍以上。

孔子曰："知者不惑，仁者不忧，勇者不惧。"虽然每个人都不是百分之百完美，但是，自己永远比想象中强大。希望聪聪能学会用积极心理暗示的方法，成为更好的自己。

22.
如何理解"瓶颈效应"？

　　小W是一名即将参加高考的学生，平时学习刻苦，喜欢钻研问题，相信只要自己努力，就能一步一步地朝着自己的学习目标前进，他也非常享受这样的学习状态。功夫不负有心人，他的学习成绩的确取得了很大的进步。但临近高考，他却发现自己再怎么努力也无法提高成绩，就连他曾经比较擅长的学科，都感觉做不好了，考试成绩起伏也很大。他也尝试了很多办法，找了很多的复习资料和课程，但是无论他如何努力，成绩始终没有改善，为此他感到非常沮丧和失望，觉得自己的努力都是白费的，甚至开始怀疑自己的能力。

　　随着考试的临近，大家都想再努力冲刺一把。这段时间小W一定很用功，但效果好像并不能立竿见影，学习成绩一直处于"停滞"甚至"倒退"状态，整个学习进程似乎被卡住，难以正常向前推进。小W这是遇到学习瓶颈了。社会心理学认为，"瓶颈效应"反映的是我们在从事某一学习、工作和生活的角色行为时，要各个因素、环节配合与协调并进，其中如果某一因素和环节跟不上，就会成为"瓶颈"卡住整个活动的正常进行。[1]

1　吴坤玲.高校图书馆服务创新瓶颈效应分析与对策研究［J］.科技情报开发与经济，2014，24（06）：29-31.

其实，瓶颈效应是学习和生活中很常见的现象，很多人都经历过，这是一种正常的现象，不要过于紧张、害怕。相反，瓶颈效应的出现意味着自我突破的真正开始，一旦冲破瓶颈，我们就会进入一种新的学习状态，体验到学习所带来的成就感和满足感，并获得自我效能感的提升。

我们每日学习其实就是为了"最终突破"的储备，这一阶段可能暂时见不到效果，但只要按自己的计划和步骤走，迎来了"东风"就能走上一个新台阶。瓶颈效应，几乎每个高三孩子都会经历，它考验的就是人的耐心，建议小W遇到瓶颈可以这样尝试一下：

（1）放松心态。要认识到瓶颈效应既是一个普遍的现象，也是一个自我突破的契机，不用过于担心和焦虑。可以通过向朋友倾诉、运动、听音乐或者做一些自己喜欢的事情来缓解紧张和压力，保持良好的心态。

（2）注重反思。找到卡点是实现突破的关键。瓶颈很长时间无法突破，需要冷静下来思考，自己的思维方式和学习方法是否存在着盲区。可以通过询问老师、同学来帮助自己发现问题，或者也可反思、总结相同的问题来帮助自己察觉。

（3）制订适合自己的学习计划。凡事预则立，不预则废。漫无目的地学习，即使再努力，最终成绩也很难提高。因此，我们需要根据自己的实际情况，制订适合自己的学习计划，然后按部就班、有序推进。计划实施的过程中，可以阶段性地回顾学习计划的完成情况，找到进步和不足的地方，并依此不断调整、制订更合适的、新的学习计划。·

（4）进行有针对性地复习。瓶颈效应的出现提示我们在学习的过程中有一些知识点掌握得不够牢靠，或者还没有很好地理解。这个时候，我们需要学会梳理自身的学习情况，结合考试、学习笔记和日常练习情况，找到自己的薄弱环节，再有针对性地进行复习。

（5）要相信自己。要相信自己有能力创造属于自己的未来，不要轻易放弃。成功需要时间和耐心，坚持下去，相信自己一定能够取得好成绩。可以从自己擅长的科目入手，从细节处发力，由易到难，逐渐建立自信心。同时，要认识到成绩并不是唯一的标准，努力过程中积累的知识和能力也是很重要的。

（6）要学会"积极的休息"。在突破瓶颈的过程中，会经历"紧张—松弛—顿悟—紧张"这样的循环。当我们高度集中在解决问题上时，时间过久会造成思维堵塞，不妨让自己放松一下，给自己更多的空间休息，更有利于你找到突破瓶颈的方法。

　　总之，在学习过程中，如果遇到了困难和瓶颈，我们需要认真分析问题，寻找卡点，采取多种学习方式，加强练习，并且要保持积极和乐观的心态，相信自己能够克服困难，最终实现学习目标。

23. 怎样进行自我保健？

8年级学生明丽（化名）心情不好就喜欢无节制地吃甜食，导致体重过高而不自信，运动也有些困难，于是她最近在节食减肥，每顿只挑蔬菜吃，结果又导致营养不良，身体虚弱、乏力。此外，明丽晚上很晚才睡，睡眠质量不好，上课常常打瞌睡，注意力集中度差，成绩下降，情绪也很低落，看着镜子里面自己一天天加重的黑眼圈，不知道该怎么办。

明丽的困扰一些学生也遭遇过，如果长期深陷其中，可能导致身心出现亚健康甚至不健康的状态，直接影响学业和身心成长。究其原因在于中小学生自我保健意识普遍不强。保健是指保持和增进人们的身心健康而采取的有效措施，中小学生的自我保健是指中小学生合理地应用科学的卫生习惯、保健方式、医学知识和心理保健方法，积极主动地维护自己生理和心理健康的活动过程。自我保健虽不能直接提高个体的心理健康水平，但能预防个体不健康地身体、心理和行为的发生，具有预防性，能保持学生的生活、学习积极性，并维持良好的学习状态。明丽同学偏食挑食、睡眠不规律、情绪低落不能主动进行调节，都是缺乏自我保健意识的表现，要想得到改善，不妨尝试着这样做：

（1）均衡营养，健康饮食。均衡饮食要求我们每日摄取多样化和营养均衡的食物，最好的办法其实也是最简单易行的，如吃天然食物，包括谷物、豆类、坚果、肉类、水果和蔬菜等。如处于发育期，饮食就要倾向于高营养、低热量的食物，当吃到不觉得饿，但还能吃时，就别吃了，这是七八分饱，适可而止的程度。

（2）规律生活，适当运动。要遵守作息，规律生活。此外，适量运动是积极的生活方式，也是中小学生最基本的保健。特别在新鲜的空气中锻炼身体，有利于缓解身心疲劳，不仅可以增强体能、减脂塑形，而且能彰显学生的活力和青春的风采。在校园里，每个学生都可以找到一种自己喜欢且适合自己身体状况的方式进行运动，比如晨跑、夜跑、打球、跳健美操等。

（3）学习知识，科学应对。了解一些关于疾病与健康方面的知识，知道什么样的疾病必须尽快到医院就医，什么样的疾病可以借助自身免疫力达到自愈，什么样的疾病可以通过改变生活方式逐步调理以恢复健康。例如，颈椎病可能是因为玩手机或电子产品时姿势不变，肌肉长时间固定，毛细血管闭塞，造成肌肉、韧带、骨骼的损伤。常用的方法可以是右手拍左肩，左手拍右肩，各拍70次以上。[1]

（4）心理调节，灵活有度。

第一，保持积极乐观的情绪。要热爱自己的生活，热爱学习。能够从学习、生活中寻找兴趣和乐趣，在学习上不断钻研，让自己的人生价值和生命意义，不断在乐观地正视失败和积极地探索成功中得到证明和实现，这是关于心理健康自我调节的重要环节。

第二，学会控制不良情绪。建议明丽积极向师友求助，遇到不如意的事，别憋在心里，可以把心中的烦恼或困惑及时讲出来，使消极情绪得以倾诉，从而保持愉悦的情绪。

第三，养成宽容大度的品格。明丽要以理解、宽容、信任、友爱等积极态度与人相处，会得到快乐的情绪体验。不争、不恼、不怒，爱心、宽容、大度，这是一条关于心理健康、自我保健的妙计。

第四，培养生活中的幽默感。除了严肃、正规的场合，明丽在与同学、亲友的相处中，说话时适当地采用风趣、幽默的语言，对调动气氛、融洽关系都

1 洪昭光.洪昭光谈实用生活保健法［J］.老友，2007（06）：62-63.

非常有益，在一阵阵开心的笑声中，彼此心情都会变好。[1]

第五，学会协调自己与社会的关系。明丽可以调整自己的意识和行为，适应社会的规则和风俗人情，并不断学习，提高自己的适应力，通过完备的社会支持系统调节自己的困惑和压力，保持心理平衡与健康。

当然，最重要的是知行合一，在知道如何去做的同时，即刻行动起来，在成长中慢慢改变、逐步学习，成为那个生理、心理都很健康的、理想中的自己！

---

1 周幼勤.如何保持健康好心态？［J］.小读者，2005（02）：62.

24. 怎样找到自己的优势？

小琪是一名高一的学生，在第一次班会上，老师邀请大家轮流进行自我介绍，在听完别的同学的自我介绍后，他惊奇地发现，同学们都在很自信地分享他们曾经的成功经历，有的是参加过数学竞赛并得奖，有的主持过校园大型活动，有的参加过校园歌手大赛并取得了好名次，还有的组建过社团……好像大家都有擅长的领域，而自己就很普通，除了曾经当过劳动委员，劝解过同学间的小矛盾，就没有什么能拿得出手的，小琪感觉同学们都很优秀而自己毫无特点。小琪最近也一直在思考自己真的是一个毫无优势的人吗？小琪该如何找到自己的优势？

小琪同学身处在群体中，就会不自觉和周围的人进行方方面面地对比，会在意自己拥有什么能力，和别人相比有哪些优势，当这些问题找不到答案时就容易产生消极的情绪体验，陷入自我否定中，但往往这种对比是不客观的。小琪同学将关注点都放在了别人的"优秀"上，忽略了自己，容易掉进"自己各方面都没别人优秀"的陷阱里，无穷无尽，从而不能客观公正地看待自己。小琪应该少和别人进行横向对比，多和自己纵向对比，要相信每个人都有各自的优势，这些优势可能一直以自己没有意识到的方式在发挥着作用，它就藏在自己的每一个行为里。小琪要想找到自己的优势，就需要从过去的经历中，从成功体验入手，分析、挖掘促使自己成功的个人因素，连点成线，凝聚、总结出自己的真正优势，然后帮助自己继续发展。那么，具体如何做呢？参考以下方法：

首先，可以借助专业的测评工具帮自己看到优势所在。目前，很多领域都会借助专业的测评工具来实现对某些问题的分析，其专业性和可参考性得到了广泛的认同。而在探索个人优势上，小琪可以在老师、家长的帮助下使用测评量表，如迈尔斯-布里格斯类型指标（MBTI）、多元智能理论（MI）、霍兰德职业兴趣量表（RIASEC）等，进行专业的分析，快速地梳理自己的强项所在。

其次，小琪如果暂时没有专业测量工具，也可以利用其他方法，比如：自我问答法，即通过自问自答的方式尽可能多地收集信息、梳理优势。在梳理时，小琪可以拿出纸笔，边在心里问，边在纸上写，这样能让自己的思考更有条理。

一问"觉察"：无意识中我会不断去做的事情是？有的事情无须刻意培养自己也能做到，因此常常被忽略。例如：小琪总会敏锐地捕捉到同学们情绪的变化，并能理解他们的所感所悟。小琪可以多想想，在其他方面，自己还会下意识做什么，又潜藏着什么优势。二问"动机"：有哪些是我做起来特别开心，而别人却感觉痛苦的事？我们最强大的动力不是来自别人的鞭策，而是我们发自内心深处的热爱，如果小琪做某类事情特别愉快，别人却不觉得，说明自己在该领域有着更高的兴趣和天赋，在此基础上，如果小琪投入大量的时间和精力去做，那么一定能有出色的成果。三问"效果"：有哪些事是我做起来结果还不错的？别人在哪些方面夸赞过自己？小琪将这些事件罗列下来，分析其中体现了自己哪些共同特质，这也许就是优势所在。例如：一直以来小琪的数学和物理成绩都很不错，同学和老师也夸小琪理科好，这就体现了小琪的数理逻辑能力强。找到优势以后，小琪就可以进行重复练习，不断实践—复盘—调整—再实践，不断强化，精益求精，让自己的优势真正脱颖而出。[1]

除了回顾过往经历外，小琪也可以通过"有意识地记录自己一周的行动，再用上述问题进行分析"的方式来发现和验证。

---

1 ［美］彼得·德鲁克.21世纪的管理挑战［M］.北京：机械工业出版社，2019：178.

最后，小琪同学还可以动用身边的资源，比如问家长、老师和同学，在他们眼中自己的优势是什么，通过收集他们反馈的信息，帮助自己多角度了解自己的优势。

对优势的识别和应用是我们获得成就感和幸福体验的重要因素，也是我们要终身发展的技能。小琪同学给自己一点时间，如果暂时不知道自己的优势是什么，可以先做好当前的角色，也就是作为学生，努力学习，掌握知识。在做好角色的过程中也许就会和自己的答案不期而遇。

25. 如何看待打"疲劳战"？

小A是一名九年级学生，马上就要中考了。最近，他非常苦恼，考试时间一天天逼近，他觉得时间越来越不够用了，考试科目很多，要背诵的东西很多，薄弱学科还要花时间弥补，重点题型还要花时间去强化，刚熟悉的知识很容易又遗忘了。每天的学习时间却很有限，为此，他不得不抓紧时间学习，下课时间都在记单词，但是考试和学习效果不理想。小A每天睡眠时间严重不足，有时课堂上还打瞌睡，学习效率越来越差，他也不知道该怎么办了。因为面临升学压力，小A感到心中不踏实，来来回回，反反复复，造成恶性循环。还有3个月中考即将来临，小A已经身心疲惫，他感到非常的困惑和无措。

学习疲劳是指一个人长期、连续学习导致效率下降的一种生理与心理异常的状态，是影响学习效率的重要原因之一。[1]如何改善小A这种疲劳作战，效率低下的状况？我们首先要弄清小A学习疲劳产生的原因。

第一，长期过度用脑。学习的难度大、强度高、时间紧，加上连续作战，缺乏休息，势必引起小A用脑过度。人脑是世界上结构最精密、功能最完善的

---

1 顾陆希.中学生学习疲劳现象的调查与思考［J］.班主任之友，2004（07）：9-10.

组织，也是最易疲劳的组织，不科学用脑最容易导致大脑疲劳。

第二，安排不够科学。小A缺少合理计划，学习方式单一，但迫于考试或升学的压力，又不得不学，时间一长就产生厌倦和疲惫，出现头昏脑涨，注意力涣散，严重影响学习效率。

第三，不良情绪影响。小A由于多次考试失败导致失落感，盲目攀比导致自卑感、失望感，不善处理人际关系造成孤独感，由于知识掌握不牢固对未来的考试产生恐慌感、畏惧感等，都会引发学习疲劳。

第四，作息时间不当。如白天睡大觉，晚上加夜班，该学习时提不起精神，头脑迷糊，该睡觉时又睡不着，头脑处于兴奋状态，打乱了生活节奏，学习效率得不到保障。

针对以上原因，小A可以试试以下方法来缓解学习疲劳：

第一，明确目标，合理安排。在可支配的时间内，要合理安排学习计划，抓住重点，避免题海战术。要做好每天的任务清单，带着问题、目的去学习，养成合理学习的好习惯。

第二，听听音乐，放空大脑。音乐是一个放松的绝好办法。学习劳累之时，闭上眼睛，听听音乐，放空大脑，紧张的精神也可以得到恢复。尽量不要听快节奏、嘈杂的重音乐，会引起分心，可以听没有歌词的轻音乐。听音乐时可以享受在音乐之中，尽情地放松和休息，保证其对思维的干扰影响最小。

第三，劳逸结合，交替学习。学习是一项脑力劳动，如果一直处于学习状态，人会感到疲劳，影响学习效率。我们可以通过"学习—休息""学习—运动"交替进行，来减少持续学习带来的疲惫感。可以利用好课间的休息时间，做做运动或是闭目养神。

第四，保证睡眠，提升效率。睡眠不足的危害很大，不仅影响大脑的思维能力，还会对情绪、身体产生不利影响。人会变得焦虑、易怒，身体会觉得乏力，整个人显得没精打采。因而小A要尽量保证足够的睡眠，不要"开夜车"，保证白天有一个清醒的大脑，学习效率才会高。

第五，丰富生活，调节情绪。学习之余，可以适当丰富自己的生活，减少学习压力，调节紧张情绪。比如：读读课外书、看看电视、参加兴趣活动等。参加活动要明确时间，严格要求自己，养成守时的好习惯。

打"疲劳战"的方式是不可取的，小A可以采取以上积极、有效措施缓解学习疲劳，努力提高学习效率。

如何面对慌乱不安?

在生活中,小明常常会因为一些突发的事件感到慌乱不安。早上来到教室坐下后,突然发现作业本忘在家里了,想到老师要检查,立马慌乱不已;下课时,一不小心把同桌心爱的水杯碰在地上,小明看着同桌愤怒的眼神,不知所措……小明该如何面对心中的慌乱不安呢?

在生活中,当我们遇到突如其来的事件,内心很容易慌乱不安。这种心理很容易让我们在短时间内无法进行理性思考,不能积极主动应对,甚至做出非理性的行为,导致更为严重的后果。其实,每一次突发事件,都是我们提高心理素质和应对能力的好时机,都可以成为我们心灵成长的阶梯。

首先,每当遇到这种情况时,小明不要立即做出非理性的决定和行为。可以调整自己的呼吸,让注意力聚焦鼻尖前方,感受呼吸时气流的进出,慢慢均匀呼吸,让自己快速放松下来。

其次,小明可以通过积极的心理暗示调整情绪,回归理性思维。小明可以在心里不断告诉自己:"我可以""我很不错""天生我材必有用",多回忆成功的经历、温馨的场面,不要否定自己,不去回忆不快乐的事情,先把情绪调整好,再慢慢理清思路。

再者，小明要寻找外部资源，积极应对解决。要启发小明，他身边有很多可以利用的资源，冷静下来他就会发现，除了靠自己努力去解决问题，父母、亲戚、老师、同学都是可以帮助我们的。在我们身边还有好多的人和事物，都是我们面对突发问题时可以利用的资源，可以帮助自己。当心平气和后，小明可以用心想一想，自己可以怎么做？有谁能帮助自己？既要自己积极面对，理性应对，又要善于利用外部资源，智慧处理。

例如，早上来到教室坐下后，突然发现作业本没带来，小明可以调整好心情后，主动和老师交流，得到老师的理解，争取延期检查；也可以联系家长帮忙送到学校……只要小明能及时调整好情绪，就容易做出正确的决策。而一次次成功处置慌乱不安的经历和经验，也可以让小明积累信心，遇事能够从容淡定，不再慌乱不安。

处理慌乱不安的小技巧还有很多，例如：可以通过"自我催眠法"尝试与自己的身体展开对话，对自己进行心理"按摩"。首先，让自己由外到内地慢下来，内心慢慢安静下来：脚步慢慢地停下，手慢慢放下，身体慢慢放松，然后感受内心慌乱、不安带来的身体变化。感受额头的变化，额头慢慢放松；感受呼吸的变化，口鼻慢慢放松；感受心跳的变化，心脏慢慢放松；感受手心的变化，双手慢慢放松；感受双腿的变化，双腿慢慢放松；感受脚部的变化，双脚慢慢放松。从上至下，逐一感受和放松。当小明能与身体对话，用心感受身体的直观感觉，并慢慢放松，内心会进一步平静，不安感也会下降。

小明还可以推测事情可能导致的最严重后果，当发现最严重的后果也并不可怕时，内心更容易接受现实，不再慌乱不安。

最后，无论面对怎样的突发状况，只要小明及时调整自己的心态，冷静理性应对，事情都有解决之道，小明也会因此变得更自信，更有方法，生活状态和适应性会更好。

如何尝试问题解决？

高二男生小明平时成绩比较稳定地保持在班级的前二十名。由于高考"钟声"临近，加上上一次模拟考试发挥不理想，他虽然有点不知所措，但也在努力寻找自己碰到的问题。小明发现自己基础知识还存在短板，对知识点的内在关联比较模糊，知识结构没有形成，没能做到融会贯通；自己优势科目的基础虽然比较扎实，但是考试遇到难题就"心慌"，优势科目的优势难以发挥，以至影响其他科目考试的心态。最近小明发现自己在课堂上注意力不够集中，容易走神和胡思乱想，常常敷衍日渐增多的学习任务，小明感到难以应对日渐频繁的模拟考试。小明不知道该如何解决好这些问题。

不少同学在挫败和迷茫中前行时会感到焦虑，这是问题出现之后的常见反应，也是人体正常的情绪反应。当人们面对不可掌控的局面和处境时，就会自然产生紧张不安、恐惧、惊慌的情绪反应。在生活和学习中，人们总是会遇到类似的各种问题，解决问题有其内在的逻辑和策略。解决学习中遇到的类似问题时，运用好策略、方法，可以使得问题解决得更加从容、有效。心理学家们认为，问题解决是由一定的情景引起的，按照一定的目标，应用各种认知活动、技能等，经过一系列的思维操作，使问题得以解决的过程。例如，小明遇到的学习方面的问题，主要表现为基础知识掌握不牢固，考试发挥不稳定，易受主观因素影响，考试的结果同时也会反作用于平时的学习心态，过分关注到了结果带来的影响，忽视了过程中的策略和方法。可以看得出来，基础掌握不牢固，表明知识迁移的链接做得不够深入。保持积极、主动的情绪状态，树立正确、理性的学习动机，建立轻松、和谐的人际关系，同时，在解决问题的过程中，不能忽略情绪动机和自我效能感的影响。接下来具体谈谈问题解决策略在实际中的运用。

首先，小明同学发现自己的基础知识掌握还存在短板，知识点之间的内在关联容易混淆，没能做到融会贯通，表明他没有很好地发挥知识的迁移和链接作用。例如：对于文科学习，要理解文章字面的意思，更要善于发现内在涵义和关联。对于理科学习，则需要在对各种现象、规律、公式等理解和熟练运用的基础上，做到融会贯通，举一反三。如果在解题的时候发现平时会做的题型，考试时却会丢分，说明对这部分的知识掌握得还不够，需要采用"错题本"的方法记录在册，并用额外的时间向老师或者其他同学请教，弄懂、弄通，直到完全理解。

其次，针对小明基础知识掌握得还可以，但遇到难题和变形题就慌，以至于影响考试心态的情况，需要考虑到情绪与动机对学习问题解决的影响作用。小明在平时学习和考试的过程中保持相对稳定的情绪状态很重要，只有这样才能够冷静分析和解决当下的问题。小明在解决情绪问题上耗费了太多能量和精力，解决学习问题时自然就能量缺乏，从而降低学习的效果。小明基础还可以，遇到难题就慌，本质上还是基础知识掌握不够牢固，需要加强基础的练习，平常遇到难题，多与同学讨论，相互交流。小明考试时如遇到难题，要做到不慌不忙，先易后难，保证自己能做的做对，难题能做多少做多少，这样稳步提高，既能积累自信心，也能夯实基础，形成学习状态的良性循环。小明还可以改变原有的认知，并不是只有考试成绩好，父母、老师才会认可自己，同时提高对自己焦虑情绪的觉察能力，善于用合理、适度的焦虑感来帮助提高自己的学习效果。

再者，对于平时可以掌握，但考试时发挥不好的情况，除了考虑情绪、心态的调整，还可以用"原型"（原型是指对解决新问题能起到启发作用的事物）启发的方式，发现知识点学习中能让自己触类旁通的内容，例如有规律用法的公式、定理。除此之外，还可以尝试建立属于自己的知识"原型"，这就需要小明做到对于自己感觉已经完全理解了的学习内容，也要及时进行总结、归纳，建立自己的学习"原型"，把它们变成专属于自己的知识大厦，让知识系统化；课后再把自己的薄弱短板整理出来，总结错误的原因，并勤加练习，适当做到举一反三，熟练掌握。此外，小明要合理安排学习时间，劳逸结合，避免采用疲劳战，遇到问题积极主动，灵活应变，适时的"暂停"和"放空"，或许有意外的收获。

目标感的建立也很重要，明确合理的目标会影响事情解决的效果，例如，"我这次考试想进步10分"与"我想考好"两种清晰度不同的目标，往往前者能让自己更清楚要干什么，只有这样才容易实现目标和解决问题。全面认知到自己的知识掌握程度，明确各学科的优势和短板，有的放矢，综合采用"最近发展区"（"最近发展区理论"认为，学生的发展有两种水平：其中的一种是现有知识掌握水平，就是能够独立的解决基本问题的水平；还有一种发展是可以通过教育获得的，也就是通过教学所获得的潜力，这两种水平之间的差距就是"最近发展区"。[1]）的相关方法，合理制订学习目标和学习计划，提升学习的动力和信心，从"要我学"到"我要学"，变被动学习为主动学习。

最后，良好的人际关系能让自己遇到难题时获得更多的"支援"，从而更有利于解决遇到的问题，同时能提高自己的归属感和获得感；相反，互不信任、人际关系紧张会妨碍问题的解决。

每一次解决问题，都是给自己添加一个能量砝，形成解决问题能量倍增的心理定势，助力下一次问题的解决。

1　郑文龙.基于最近发展区理论的高等教育适度超前发展策略探析［J］.西部素质教育，2018，4（15）：11-12.

28.

如何提高学习效率？

小A同学发现最近自己的学习效率非常低，上课老走神，不能集中精力听讲，课后作业也不太会做，总是拖拖拉拉才交，要么就是用手机搜索答案完成。眼看就要中考了，爸爸妈妈特别着急，在家里不停地唠叨，小A心情非常烦躁，时常和父母争吵。自己明明都把大量的时间用在学习上了，但每次月考成绩总是不太理想，小A感到特别焦虑，也想把成绩提上去。小A一想到自己付出了那么多，结果却不尽人意，看着同班同学那么轻松地学习，特别羡慕，希望能像同学那样在有限的时间里高效率完成老师布置的任务，因此小A感到非常的焦虑。

小A花了大量的时间去学习，但学习效率低下，学习进展缓慢，达不到预期的目标，的确会感到担心和焦虑。我们先来分析一下影响学习效率的因素：

首先，学习是一个循序渐进的过程，不会在短时间就有很明显的效果，因此，小A可以保持热爱学习并且探索学习的积极状态，体会"乐学"的重要性。学习动机和学习是相互影响的，学习能够产生动机，而动机推动学习，两者相互关联。"我要学"和"要我学"是不同的概念，"我要学"是内驱动力，"要我学"是被动地学习，所以小A如果有"我要学"的想法时效率会更高。

学习态度对学习效果有着相互的影响，也会受家长情绪的影响，所以亲子关系、师生关系需要保持一种良好的状态，不仅要避免发生冲突，家长还要尽可能积极、正面的引导，多鼓励。

其次，学习方法很重要，同样的时间别的同学能够完成作业，说明这些同学在课堂上听课效率是比较高的，听懂了，作业自然也完成得迅速一些。小A如果过度使用手机、平板等电子设备，并产生习惯性依赖行为，不喜欢动脑思考，就会造成注意力分散，难以集中注意力等问题。小A还要了解学习环境和学习过程是密不可分的。

基于以上影响学习的因素，那么，我们接下来谈一谈小A该如何提高学习效率?

（1）树立学习目标。一个大目标是由很多小目标构成的，学会给自己制订计划，每完成一个计划就是离目标更近一步。哈佛大学做了一项关于目标对人的影响的调查，调查对象是一群智力、学历、生活环境等各方面都差不多的人。调查结果发现：27%的人没有目标，60%的人有较模糊的目标，10%的人有清晰而短期的目标，只有3%的人有清晰而长期的目标，目标对人生有着巨大的导向性作用。[1]成功在一开始，仅仅就是一个选择，小A选择什么样的目标，可能就会有什么样的成就，有什么样的人生。

（2）培养学习兴趣。近代教育学之父扬·阿姆斯·夸美纽斯说过："兴趣是创造一个欢乐和光明的教学环境的重要途径之一，兴趣是推动学习的内在力量。"[2]学习的过程是漫长的，短期内很难有明显的成效。因此，小A要在枯燥的学习中尽量找到学习的兴奋点，找到规律，学会把每个学科与现实生活紧密联系起来，当所学得的知识可在实际生活中使用，就有了探索学习的意义。

（3）探索学习的方法。要想做到高效率地学习，除了一些常规方法，还要探索适合自己的学习方法，比如："四象限"时间管理法则，把每天要做的事情进行排序，分清轻重缓急；还有"番茄钟"时间管理法，工作—休息—再工作—再休息，25分钟一个循环，劳逸结合有效地提高学习效率。

（4）缓解学习压力。临近中考，学生面临的学习压力会显著增加，此时如

1　郭素芬.发挥课堂教育在中职教学中的导向作用［J］.河南农业，2016（21）：32-33.
2　周虎.提高中职课堂教学质量的调查与对策研究［J］.时代农机，2017，44（11）：241，243.

果自身的情绪仍处在不够兴奋的状态，在应对学习压力时就会出现情绪张力不匹配的情况。因此，需要尽快调整自己的情绪，让情绪高涨一些，多一点激情投入学习，这样才能把老师布置的任务尽快完成。

（5）根据自身情况调整学习期望值。学习的整体目标基本是确定的，建议小A对一些原来既定的阶段性目标进行适当的调整，如果非理性地坚持自己原来的期望目标，就会出现学习时间急剧增加，从而导致焦虑情绪加重的情况。

有时候小A可能因对期望目标的遥不可及而感到气馁、失望和退缩，于是情绪会走向低落，所以小A可以尝试重新调整期望目标，让近期的目标变得更加明确，更加清晰，做到切实可行，行之有效。

29. 如何排除干扰？

小明很想专心学习，但是常常心烦意乱，久久不能平静下来，有时会受到很多因素的干扰，进而影响自己的学习效率。明明很想调整好状态，继续努力学习，但是因为这些干扰，心态会陷入一种恶性循环中：被干扰→学不好→情绪糟糕→更加学不好。一些干扰来自外部：如手机等电子产品的诱惑，周围环境中的突发事件；还有一些干扰来自内心，即对即将到来的课堂学习及考试的焦虑，内心无法平静的情绪等。小明该如何排除干扰呢？

小明如果想要专心地学习，保持自己的高效学习状态，一方面需要有足够的动力，动力会让我们专注自己的目标，而不顾前行路上的荆棘和杂草。另一方面，小明需要提升执行力，排除各种干扰。

当面对外部干扰时，小明可以采取一些方便的措施。比如，可以将手机关机、静音或暂时交给父母保管，关闭电脑上其他的网页，避免注意力被转移或是分心，从而保证在有限的、规定的时间，集中于加工、处理学习内容，保持学习、生活的高效率。

对于内部干扰，小明可以用一些有效的方法来平静自己的内心情绪。在情绪不好的时候，小明可以做做深呼吸，然后想想自己为什么生气，为什么烦躁；问问自己有没有别的想法；试着和朋友聊天，放松一下自己的心情。只有当心情平静下来，小明才可能更高效地投入学习。在学习之前，要增强"有意注意"，秉承"要事优先"原则，积极关注老师的课堂，认真听课，及时完成作业，把干扰的因素排除在外。

除此之外，小明还需保持学习环境的安静和舒适，在学习之前做好计划安排，养成专注学习的习惯。定下目标，并且在精力足够的情况下，完成自己的学习任务。这里向小明推荐一些保持专注的方法：

（1）目标明确：确定了方向，全力以赴，朝着目标不断努力。

（2）拒绝诱惑：将一切可能的诱惑拿到视线之外，例如避免手机信息干扰。外界嘈杂的声音很多，但那与我们无关。一旦确定了方向，就过滤掉那些噪声。

（3）情绪稳定：保持平静的心情，不过度焦虑，积极乐观。适当冷静，尝试冥想、积极想象和听音乐等。

（4）有序执行：将耗时较长的事情拆分成阶段性的小行动，一个一个完成，能加速推进任务的完成。如给自己制订一周的日程表，在某一段时间内尽量完成计划内的事情。

（5）精力充沛：保持足够的休息、睡眠，保证合理的饮食和运动，全力以赴。首先，保证睡眠，大脑可以在睡觉的时候清理垃圾，与此同时，还会把白天学过的东西储存起来，增强了记忆。其次，进行有氧运动，像跳绳、登山等，做这些有氧运动的时候一定要将精力专注在做有氧运动上。最后，合理安排自己的一日三餐。不要只吃素也不要只吃肉，要荤素搭配着吃。只有这样才能让自己的身体更健康，让自己的大脑更清醒、高效地学习和思考。

（6）果断行动：不要犹豫不决，"千里之行，始于足下"。正所谓"一分部署，九分落实"，没有落实与行动，一切都只能是空想。

（7）排除干扰环境：找到适宜的环境，进一步提升做事效率。在做事情之前，保证自己在一个安静、整洁、有序的空间里面，这样也能减少一些影响，从而让自己保持专注。

如何告别粗心？

小A同学是一名高一学生，他经常在学习和考试中抱怨，"这个题我明明会做，但由于粗心又扣了几分几分，真是不应该"。尽管知道粗心会影响自己的考试成绩，但小A没有好的办法改掉这个坏习惯，小A很苦恼。

导致小A粗心的原因可能有以下几种：第一，缺乏兴趣，导致注意力不集中；第二，缺乏耐性，自我控制力差；第三，思想分散，没有集中注意力；第四，态度不明确，对某次考试和某项学习任务缺少足够的重视。了解了原因之后，小A可以尝试采取以下几个办法来告别粗心。

（1）明确学习态度，培养良好的责任心。

小A由于学习态度不端正，学习生活中没有意识到需要培养自己的责任意识，才会造成平常会做的题目也做错。所以端正学习态度是小A克服"粗心"的首要任务。老师和家长可以和小A探讨学习和考试的重要性，引导小A重视学习，认真学习，才能端正态度。

（2）做题时要养成看清题意、划出重点、认真检查的好习惯。

生活中不是每件事情都是很有趣的，特别是学习，小A可能觉得有些科目无趣，但这些科目也是需要考试和计分的，正确认识各类学习科目，这对于克服粗心是非常有必要的。小 A 要以认真、接纳的心态去迎接各类必考科目，在做题时，不忙下笔，先仔细审题，划出题目中的关键词和解题要求，在做完题之后如果有时间，要逐字、逐步认真检查。时间充裕的话可以重新看题，把题重新做一遍。

（3）可以适当进行一些注意力的训练。

注意力训练能促进小 A 在短时间集中注意，这能帮助小 A 提高解题准确率。注意力是学习的门槛，通过训练可以提升注意力的指向性和抗干扰能力。还可以提高记忆的容量，延长记忆时间，提高学习效率，改善听课、做作业的质量。

怎样进行精力管理?

小A同学是一名高三学生,为了提高学习成绩,他不得不每天完成大量的学习任务,以至于很多时候根本没有足够的休息时间,睡眠的质量也不好,导致白天学习精神不振,效率低下。

对小A而言,高三是艰难、苦涩的,整天有着做不完的题目,没完没了的考试和堆满一桌的学习资料,根本没有足够的休息时间。但休息不好又给小A的学习和身体带来不小的麻烦。这里我们分享几个高效休息的方法,希望能够对小A有所帮助。

（1）冥想。冥想应该是比较有效的精力恢复方式了。

先以舒服的坐姿坐好,然后开始冥想。手机倒计时10分钟（时间可循序渐进,刚开始可以先3分钟,慢慢来）。坐在椅子上,可以靠在椅背上,全身都放松,闭上眼睛。把注意力集中于呼吸上面,深深地、静静地、缓缓地呼吸,只关注自己的每一次呼气和吸气。"一切抛在外,唯独我存在。"深呼吸的频率不必死板,让身体感觉舒服即可。如果有杂念进来了,比如那些你正在考虑、担忧的事情或者人,把注意力轻轻拉回到呼吸上就好。继续关注你的一呼一吸。如果杂念出现的频率很高,没关系,一开始都是这样的。能意识到自己出现杂念了，是很好的事情，拉回来……就好。

（2）间歇训练。间歇训练的定义是：短时间内（每次60秒或更短）进行剧烈的有氧运动，比如小跑、上下楼梯、骑自行车等，随后进行完全的休息恢复。在10分钟（时间长短可渐进）内如此反复进行，有规律地快速提高和降低心率。

间歇训练能够增加身体的能量储备，使身体有效恢复精力，承受更多压力。对人的情绪稳定也有很大益处。

（3）做不同的事情。也就是交换使用大脑的不同区域。小A同学可以学一会儿语文，累了的话再学习一下数学，又累了的话再学一下英语。每次尝试不同的、新鲜的事情，任务具有挑战性，大脑才会更加投入，才能真正放松休息。

（4）午休、好好吃饭，以及和朋友交谈。午间小睡20～40分钟，这是一种战略性恢复。吃饭、睡觉、交谈这些刚需，可以让小A同学恢复精力。在休息时别玩手机，手机不会让自己得到休息，需要意识到并且提醒自己不去看手机。

（5）进入休息模式的小提示。第一，准备一个切换开/关模式的仪式。就像苏联心理学家伊万·彼得罗维奇·巴甫洛夫的那个著名条件反射实验一样，如果用固定的音乐、香薰等为大脑建立一个条件反射机制，大脑就更容易进入休息模式。如果在休息前换上舒服的居家服，让自己的外表发生些变化，当内心下达指令说"接下来就要开始休息了"，大脑就会自然开始进入休息模式。

第二，整理自己的日常生活。把自己在学习和生活中遇到的困扰写在纸上，放到平常不怎么使用的抽屉或其他地方一段时间，期间不去想这些事，并暗示自己享受当下的休息状态。

第三，将自己的房间改造成非日常生活的样子。比较有效的做法就是在家里创造舒适区，通过意象使大脑放松。

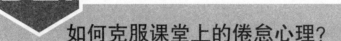

如何克服课堂上的倦怠心理？

经历了漫长的暑假，初三学生小明和其他同学一样在家里待了好长时间，渐渐地，他习惯了这种假期模式。回到学校后，小明感到自己在课堂中总是难以集中注意力，久而久之就会在课堂上形成一种消极、懈怠的态度。

在刚开学时，小明可能会不太适应，在课堂中难以集中注意力，造成课堂中的倦怠。但是这种"倦怠"有可能正是小明和其他同学差距的开始。以下是老师的一些建议：

（1）适时收心。学校已经开学，提醒自己自觉收心，不要继续沉迷于手机、电脑等电子产品中。不久的将来，小明会迎接中考及各种阶段性考试，小明需要振作精神，更快地投入学习当中。

（2）关注课堂。小明会在课外机构提前学习一些科目，上课时他会认为自己都会了，课上不需要再听了，这样就会忽视课堂上的45分钟，造成课堂中的倦怠。然而，据统计，90%以上的高考状元都非常重视课堂上的听讲，而不会为了赶进程而去做其他科目的作业。老师和家长可以引导小明了解：课堂上老师的授课有明确的目的和策略，既可能引导联系不同的知识，也有可能在反复强调、提醒小明易混、易错的知识点。

小明可以在课堂45分钟内时刻保持跟老师的互动、交流，同时听课过程中不要好高骛远、眼高手低，对于自己在预习过程中已经掌握的知识也应该仔细地听老师讲一遍，也许和自己的理解有出入，牢牢地掌握基础，才能触类旁通，获得更好的成绩。

（3）掌握克服学习倦怠的方法。

第一，"小步子"原理。在改变的路上迈出小小的一步，获得一个小小的成功，通过不断获得小成功积累经验，从而为下一步行动提供心理动力。在课堂学习时可以尝试记录挑战的每个小目标。课堂学习中的小步子学习就是循序渐进，目标细分化，提高自己在课堂学习中参与互动的积极性，从而达到高效学习的目标。例如：将初三化学项目进行内容拆分，使之由浅入深，由简到繁，再一步一步地学习，直至达到学习目标。基于学习内容上的"小步子"原则，再将一段时间的化学学习内容进行梳理，划分为若干片段，将各片段的内容按照由易到难、由简到繁的顺序进行练习，使课堂学习达到事半功倍的效果。

第二，榜样的力量。小明可以从同学身上获得支持与安慰，减少自卑感和孤独感。借助与同学互相交流各自高效的课堂学习方法，寻找解决问题的有效途径。

第三，寻求专业的帮助。小明可以向心理老师吐露心声，建立合理的认知和学习行为，提高自我效能感。

第四，自我调整训练。建议小明学习一些在课堂中调整自我状态的方法，寻找症结所在，跨越一座座"学习高山险峰"。

33.

如何进行积极自我对话？

小A同学平时学习成绩还算不错，但这次开学后一直感觉没有进入较好的学习状态，感到非常的焦虑，最近几次的考试也考得很不理想，尤其是历史这门学科。他又想到自己平时花了很多时间却换来这样的结果，于是产生自我否定的想法，认为自己能力不行，很是苦恼。

小A同学过度的自我批评和自我否定不会解决他现在的困惑，反而会招致更多的负面想法和情绪。那如何开启积极的自我对话，也就是如何用友善、积极的对话，去指导自己的情绪，控制自己的思维，并获得长期积极的心理状态呢？

（1）合适的期待。

小A同学假期在家里学习的时候，可以睡到七八点钟，甚至九十点钟，睡醒之后再继续奋战。而现在开学了，节奏一下子紧张起来，要逐渐恢复到正常，就需要给自己一个合适的过渡过程。小A可以对自己有个合适的期待，使自己逐渐进入一个最佳的学习状态。如果把过去上学时斗志昂扬的状态定义为10分的话，现在不要一直纠结，为什么达不到10分，容许自己有一个短暂的适应过程。

（2）调整自己的认知。

我们关于生命中所发生事情的看法，以及这些事情对我们的意义，往往会成为认知——这种内部对话的来源。同样的，如果小A能够尝试换一个角度去思考，或许会有另外一番风景。小A可以试着这样理解：学习状态不好和学习成绩不理想只是暂时的学习状态，小A可以采取一些方式来调整自己的情绪和学习状态，而不必有过多的担忧。

（3）给自己积极的肯定。

小A每天早晨起来可以告诉自己：我一定能行。或者把一些鼓励自己的话写在纸上，贴在自己容易看到的地方。要时刻提醒自己：我是自己生命的主宰，我是独一无二的，我一定能够完成自己所制订的学习目标。如果当下受挫，不要轻言放弃，要学会在失败中总结经验，然后以坚定的信心朝着自己的目标一步一步努力。

（4）了解积极自我对话的意义。

第一，增加自信。以积极的思维对待生活，对增加自信是极好的。增强自信可以让小A更有可能实现自己的目标。研究表明，乐观的人更容易获得理想职业，赢得选举成功，甚至更长寿。小A增强自信也能更好地从困扰的生活经历中快速恢复过来。小A的想法可以成为一个自我实现的预言，自觉地根据自己的想法采取行动，从而实现自己想得到的结果。当开始新的一天时，试着在镜子前背诵一些积极、肯定的话，以振奋自己的精神，坚定自己的信心。

第二，培养对未来的乐观心态。除了自信，积极的自我对话可以培养小A对未来的乐观心态。如果拥有乐观的心态，小A会更渴望实现自己的目标和未来的梦想，它可以给小A生活的目标感。

第三，强化精神力量。很多研究表明，经常进行积极自我对话的人往往精神上更强大。小A可以通过强化精神力量，避免焦虑、压力和抑郁等不良情绪状态。此外，小A在面对自己正在经历的困难或挑战时能够清晰地思考，这可以使小A在受到考验时不会轻易崩溃。

第四，探索自我潜力。小A同学可能曾因为别人认为他不够有才华，而害怕尝试新事物，或者因为害怕失败而拒绝学习中的新探索。积极的自我对话将鼓励和支持小A释放潜能，并帮助小A在经历失败时振作起来。老师和家长要提醒小A同学不要说"我不够有天赋"，而是引导小A试着改变自己的观点，"也许这是我学习和发展的机会"。

第五，看到事情积极的一面。积极的自我对话并不意味着欺骗自己，采用这种方法是为了引导小A习惯于以积极的态度看待所有事件。例如，当一件糟糕的事情因为自己的错误而发生时，积极的自我对话会帮助小A同学看到事情积极的一面，自己可以从错误中吸取教训，做得更好，而不是停下来后悔所发生的事情。

第二篇

悦纳　爱群

2

34. 如何看待融洽的同学关系？

一个寒假过后，我们迎来了新的学期，同学们都满怀期待来到学校与同学、老师欢聚，迎接崭新的一个学期。同学们许久不见，心中难免激动，大家一见面都非常开心、兴奋，总感觉有说不完的话，聊不完的天，也很想分享自己在寒假里遇到点点滴滴。然而小明不是这样认为的，他发现同学们的话题，他好像永远都融入不进去，同学们的笑点他也不能领会，他很想和同学们一起开怀畅谈，但是他就是觉得自己无法融入，没有办法和大家一起聊天，他觉得自己很孤独，他也不知道是别人的问题还是自己的问题，为此感到非常的苦恼。

一个假期过后，同学们之间的亲密度与放假之前有差距，大家在假期里有着各自独立的生活，彼此的交流也会相应地减少，大家就会产生一定的距离感。开学后，会很明显地出现两种情况：第一，就是大家会很开心地聚在一起，有一种"小别"之后的兴奋感；另一种情况，就是大家会觉得有点陌生，感觉没有之前的情感了，大家之间的亲密度就不那么高了。而小明同学的情况恰恰就属于后者。

其实，人与人之间的相处模式有很多种，适合自己的就可以。假期过后小明觉得自己不能很好地与同学们聊天，不能融入团队中，这或许是有很多种原因造成的，而这样的后果可能就是他慢慢地被同学们所疏远，就会远离群体。为此他感到紧张、焦虑，这种情况是正常的。

在学校里，我们每一个学生都会有一个归属的小群体，在这样的小群体中，我们会得到友情、力量、支持。小群体的组成因素有很多，大家的兴趣爱好、性格品行、人与人之间的情感呼应，等等。同时小群体的情感是需要维持的，里面的每一个个体都需要为此付出，而这样的付出并不只是简单的有共同聊天话题。或许大家在一起聊天的话题可以拉近彼此的距离，让大家可以变得亲密，但是这绝不是唯一的要素。要想和大家形成良好的人际沟通，要想积极地融入大家的活动圈，除了共同的话题之外，彼此真心的交流是至关重要的一点。小明同学希望得到同学的真心对待，所以当个体想要融入一个群体的时候，除了其他因素之外，保持一颗真心是必备的。这个时候不需要一些无谓的想法，比如：是不是他们要把我排除在外啊？是不是我自己很差啊？他们是不是故意不理我的啊？等等。与其思考这些无谓的原因，不如好好想一下自己是否真的要融入这个群体，如果是的话，可以好好想一想该如何正确地与群体中的人交往，才能迅速地融入群体中。

老师和家长可以和小明同学一起探讨，看看小明是否真的想融入群体中，是否和群体中的成员有着共同的生活习惯、价值观、是非判断力，等等。寻找与群体中成员所拥有的共同点，通过找共同点来拉近彼此的距离，形成一种"知音"感。看看自己有没有什么是可以为他人做的，站在他人的角度考虑问题，试着为他人排忧解难，当然前提是在自己的能力范围之内，等等。总之，用自己的真心来对待同学，让大家能体会并理解到自己的真心，相信慢慢这个群体就会接纳小明的，小明也会慢慢地融入，会在群体中找到自己的位置。

当然所有的这些，并不是让小明一味地去迎合、去讨好对方，从而让自己丧失了一定的自我，这个绝对是不可取的。在群体交往中，鼓励小明保持真心，也要保持自我，人与人之间的交往是平等的，绝不是不对等的，所以小明在与群体交往的过程中，要时刻保持着一颗真心与自我，这样既可以很好地融入群体中，同时也不会丢失自我，让自己在与同学交往中拥有一个完美的成长线。

35.

怎样进行真诚交流？

最近小红遇到了一个难题，为此她感到很困惑，也很郁闷。具体的事情是，小红有一个关系非常好的朋友，她们之前的感情非常好，两个人可以说是无话不谈，形影不离。同学们都知道她们之间的友情，甚至还调侃她们是"双胞胎"。但是，最近小红觉得她们之间的关系发生了一些变化，她总感觉对方在外面说对自己不利的言语，同时小红也会将彼此曾经说过的一些悄悄话传出去。小红和这个朋友又没能进行很好的沟通，慢慢地就形成了一定的矛盾点，感情出现了裂痕。因此小红的情绪也出现了问题，整个人的状态非常的不好，感到很痛苦。

小红所遇到的问题，是我们在日常交往过程中经常会遇到的问题之一，我们有些时候会在没有真诚交流、得到"确认"的情况下，就进行了某些行为，而这些行为往往会对其他人造成伤害，并给我们带来一定的情绪波动。人们在交往的过程中，有一个非常重要的原则就是相互理解，真诚的交流。同时作为彼此的好朋友，小红和她的同学在和外界交流的时候，不太适合将对方的"隐私"作为茶余饭后的谈资，这样将会很大程度上影响到彼此的信任度。作为亲密无间的好朋友，小红会将自己的小秘密与对方进行分享，也会将自己对某件事情的看法和认知与对方交流，获得对方的支持或者认可，这样的交流可以是在非常轻松的情况下展开的，同时每个人当时的话语，仅仅是代表了个人的观点。那作为好朋友的一方，小红可以和朋友真诚交流，不仅是要维护好对方的利益，同时在没有进行确认的情况下，是不能随意将他人的信息公之于众的，更不能将两人私下的谈话内容与他人分享。老师和家长可以建议小红，好朋友之间所有交流的信息，应该怀有尊重、真诚的态度，在没有确认的情况下，是不能将这些信息随意地通过网络或者是线下进行散播的，这会对他人造成一定程度的伤害，同时也会非常严重地影响到彼此的关系。老师和家长还可以提醒小红，在交友的过程中，两个非常要好的朋友之间，应该秉承着相互关心、相互尊重、相互理解的理念，大家所有的交流、交心都应该是私下的，在没有得到对方确认的情况下，是万万不可将对方的信息、言论外传的，哪怕没有添油加醋，哪怕是非常真实的信息也不能进行随意的传播。

小红在交友时要做到真诚交流，应该提醒彼此所有信息的真实性，不带有任何虚假的成分，还要确认信息来源渠道的真实性；同时，小红更要做的是确认对方的态度，确认对方是否愿意你将这些她私有的东西通过你的途径进行传播，确认对方对于你的行为之后可能带来的后果是否可以承受。以上两者缺一不可，每一项信息都要得到充分的确认，小红才可以进行下一步的行动，否则小红的行为将会引发一系列的后果。

关于真诚交流，我们要有正确的理解，很多时候我们会说"谣言止于智者"，但是谣言的源头是从哪里来的呢？我们千万不要做那个谣言的源头，面对不确定的信息时，小红应该时刻保持着一颗清醒的大脑，用理智去分析它的真伪，进行了一些甄别和真诚交流以后，再考虑是否要将其与他人分享，是否要在网络上进行传播等。同时小红要做到真诚交流，需要正确的"确认"对方的态度，不能随性，根据自己的心情、喜好来决定他人的喜好，将他人的信息进行外传。

总之，在与好友交往的时候，建议小红要真诚交流，做到信息正确"确认"，不仅要确认信息的真实性、有效性、科学性，同时也确认同学、好友内心真实的想法及意愿。不能凭主观意愿来推测信息的真假或是好友想法，这点不可取，也不科学。这样小红才能和他人进行有效的沟通，形成良好的人际关系，也能避免一些不必要、不愉快的事件发生，使自己保持好心情。

如何经营友谊?

小明最近非常苦恼，因为他发现他最好的朋友小张突然对他很冷淡，往往是小明很热情地去找他，可是小张总是千方百计地找一些无关痛痒的理由拒绝他。小明一开始并不知道发生了什么事情，后来经过一些了解，他才知道，因为小张非常喜欢足球，而小明之前恰好有两张足球联赛的门票，可是小明并没有将球票送给小张，而是邀请了初中同学一起去现场观赛。小张知道这件事后，非常不开心，他或许觉得小明没把他当最好的朋友，因此对小明心存芥蒂，从而开始疏远关系。

在日常生活中，我们在处理每一件事情的时候，往往都会有一些考量，这个时候需要我们冷静的思考，并通过权衡来做出最后的决定。案例中小明知道小张最喜欢的是足球，而自己恰好又有现场观赛的机会，但是可能出于种种原因并没有将多余的那张票给小张，也没有将这件事情原原本本地和小张解释，而小张通过其他渠道知道了这件事情之后，心情难免会糟糕，会很不开心，对小明冷淡也是情有可原的。朋友之间想维护友谊应该要彼此了解，知道对方喜欢的东西是什么，因为某种原因并不能满足对方的时候，小明可以想好解决的方法，不应该有意无意瞒着对方，等对方自己发现的时候，会有一种很强烈的被欺骗感，觉得彼此的关系并没有那么好了。

在观看足球联赛一事上如果小明想要维护友谊，他要做的是及时通过各种途径先了解有没有可能多一张票或者多一次机会，如果没有的话，那就要和小张将情况说清楚，如果小明觉得当面沟通难以开口，现代信息科技如此发达，小明可以通过很多途径与对方进行沟通、解释，比如QQ、微信、电子邮件、短信等。小明通过各种方式将自己的真实想法与小张进行沟通，让对方可以在第一时间了解到整件事情的来龙去脉，并真实地、清晰地知道你的想法，以及你这样做的原因，那后续所有不愉快的事件都不会发生了。

学生时代的友情弥足珍贵，而感情是需要维护和巩固的，稳固的友情并不是一蹴而就的，也不是轻而易举的，它需要小明真诚地付出，有的时候一句简单的问候，一句适宜的关心，一句及时的鼓励都会在不经意间让彼此的感情得以稳固。当然非常重要的一点就是小明在交往、沟通的时候，不能以自己的心思来定夺他人的想法，不能将自己的想法强加于他人身上，在处理一些事情的时候，要保持冷静、理智的头脑，分析一下事件的利弊，同时务必要做到的就是及时与对方解释、沟通，让对方知道你的想法，而不是抱有侥幸的心理，觉得能瞒一时是一时，或是觉得这就是一件小事，没有必要让对方知道，等等。如果小明没有处理好这件小事，小明和小张的友谊纽带一定会有裂痕，友谊就不会稳固。一段友谊从建立到稳固，需要花费一定的时间，也会经历一些考验，小明因为这样的小事使得原本非常稳固的友谊破裂，那真的是得不偿失。小明在进行人际交往的时候，要积极维护自己在意的关系，不断提升彼此间的信任，寻找到最适合的交往模式，用自己充满爱意的内心去对待朋友。祝愿小明在学生时代能拥有最美好的友谊，让自己的学习、生活更加充实。

37.

如何合理归因？

小风目前是一名初中一年级的男生，他的学习成绩一直处于班级里的最后几名。假期里，小风每天都上网打游戏，也常常到小区里和其他小伙伴一起玩，每天都玩得很欢乐。对于老师布置的作业，小风有时候做，有时候玩过头了就会忘记做，等老师通过微信提醒他时，他才去补一点作业，由于见不到面，老师也是鞭长莫及。开学后，小风明显觉得学习很累，好像书本上的知识自己都不懂，尤其是英语，拿着考卷，他觉得自己完全看不明白是什么意思。这学期第一次随堂练笔，小风50道题目只对了16题，老师问小风有没有想过为什么学习成绩越来越不好了，小风想了想说大概是运气不好吧！

小风寻找自己之所以学习成绩不好的原因，心理学上称为归因。具体地说，归因就是观察者对他人或自己的行为过程所进行的因果解释和推论。美国著名认知心理学家韦纳在海德归因理论与阿特金森的成就动机理论基础之上，提出了自己的归因理论。他将归因划分为三个维度：内在和外在、稳定和不稳定、可控和不可控。具体又分为六个因素：能力（指个人评估自己能否胜任工作）、努力（个体在工作中是否尽力而为）、任务难度（凭个人经验判定该项任务的困难程度）、运气（个人自认为此次各项成败是否与运气有关）、身心状态（工作中个体当时的身体及心情是否影响工作效率）、外界环境（如别人的帮助、评分是否公平等）。[1]

　　积极归因模式认为成功在于勤奋、努力，以及由此获得提升的能力等，这样的成功会带来自豪感，增强成功的期望，使得个体更趋向成功。任务失败是因为缺乏努力、懒惰等原因，这样的归因会产生内疚感，但依然会维持较高的成功期望，使得个体继续趋向成功。消极的归因模式则认为成功是因为外在的运气，这样成功带来的感觉就是无所谓，降低成功的期望，最终使个体回避成功。任务失败是因为缺乏能力，从而产生羞愧、沮丧、无能感，降低成功的期望，最终使个体缺乏坚持，回避成功。就像小风一样，将自己的成功和失败认为是碰运气，以为这是自己无法掌控的，这样会带来无所谓的感觉，降低了成功的期望，最终使得小风不会去付出更多的努力来赢得优异的成绩。

　　生活中确实有很多的事情是我们无法掌控的，但考试的成败很大程度上取决于努力程度，一分耕耘，一分收获，一次不成功可以总结经验，平时多努力学习，在背诵、理解上下功夫，形成积极的归因模式。小风如果能了解自己的学习习惯，主动向老师和家长寻求帮助和提醒，学习成绩很快就能得到提高，持之以恒，小风会离成功越来越近。

1　施敏洁，王君.归因方式性别差异与日语语法学习效果研究［J］.浙江万里学院学报，
　　2013，（04）：56-62.

38. 如何面对漠视？

　　小晨是一名高一的男生，小晨的妈妈和学校心理老师早早预约了心理咨询，咨询时小晨妈妈说，小晨每天晚上就是把自己关在房间里，对着电脑，不清楚是真的在做作业，还是在上网或者打游戏，他也不出房门，不时对着ipad傻笑，说他在跟同学钉钉聊天，但表情看上去又不像。晚上着急忙慌吃几口饭就回到房间，家长想跟他聊聊天，他也只是嗯嗯啊啊地回复几句，真不知道他整天都在想些什么？到底有没有认真学习和做作业？小晨的妈妈感觉和孩子之间的距离好远，被孩子漠视的感觉真的很糟糕。

　　高中阶段的孩子自我意识非常强烈，非常看重自己的隐私，反感家长的束缚，其行为也经常与家长南辕北辙，尤其是网络高速发展的今天，孩子接受的新事物、新观念与家长固有经验式的思考方式产生了强烈的冲突。一方面，家长本身需要合理利用手机等网络工具，避免小晨内心不服气，家长自己说的都做不到，凭什么要求孩子做到。另一方面，在家长的关心、帮助下，小晨能感受父母对自身真正情绪、情感的关注，打开被关闭的沟通大门，从自己的世界里走出来。以下有三个建议：

1. 营造友好型家庭关系

孩子十岁前，父母扮演的是无所不能的角色，是孩子强有力的后盾，给孩子安全感很重要。孩子十五岁后，家长如果还表现出无所不能，什么都懂，孩子都要听家长的，就极其糟糕了。推荐小晨和母亲有空去看电影《回到过去拥抱你》《小孩不坏》，家长和孩子一样，都是在一次次的尝试中，去恢复和重新建立彼此的关系。

2. 觉察—示弱—倾听—欣赏

小晨的妈妈觉得自己根本没有办法与孩子说话，更别说去督促孩子学习了。一旦孩子将父母推开了，那么所有的影响也将无法发生。以下有几点建议：

（1）觉察：问题本身不是问题，如何解决问题才是问题。建议小晨妈妈觉察自己的情绪和小晨的情绪，有觉察就有转机。如果发现孩子情绪有波动，告诉孩子你对他的担心，以及你愿意和孩子分担的想法。

（2）示弱：小晨妈妈要承认自己的不足，学会和小晨协商，可以说："妈妈不太知道你现在想什么，在做什么，你需要妈妈帮什么忙？"家庭生活中的一些困难，也可以向孩子提出，让孩子感到被需要，为家庭出一分力。

（3）倾听：孩子需要被听见，虽然开始可能会有些困难，可能小晨还不习惯说，这都没关系，给他这样的信号，让他知道妈妈愿意倾听。当孩子对父母诉说时，并不总是意味着父母马上要解决它，孩子可能只是一种情绪的宣泄，是对妈妈的信任。

家长倾听要注意方式，比如当孩子说心烦时，如果妈妈回答"烦也解决不了问题"，这样小晨和父母的交流就很难进行下去了。小晨妈妈可以拍拍孩子的肩膀，抚摸下他的头，这样说："在担心什么吗？"当小晨讲到某些具体的问题，彼此的谈话交流就可能深入下去。小晨在讲述的过程中妈妈不随便插问、不打断思路、不急于批评或评价，耐心地听取他对周围事物或发生的事件的评判。妈妈可以根据小晨的讲述再谈自己的看法、观点，看上去没有解决什么具体问题，其实已经在发挥作用了，这样做可以减轻小晨的心理压力，帮助孩子把负面的情绪宣泄掉，并让小晨妈妈获得更多的信息，信任的、和谐的亲子关系就这样慢慢建立起来了。相反，如果小晨发现家长倾听的目的是为了掌握他的情况并控制他，那么，他们沟通的大门就会马上关掉。

（4）欣赏：用欣赏的眼光来看待选择的价值观、美感等。当然，小晨的选择有些幼稚在所难免，但这些幼稚的思想打着孩子自己的标识，是属于他自己的天地。小晨在学习上、交往上、生活上的积极行为，都需要被肯定。

家长的情绪就像大海，只有海面风平浪静，小晨这艘小船才能扬帆起航。知易行难，做父母本身就是一门功课，世界上不存在完美的父母，小晨父母也不必苛责自己，父母要与孩子共同学习，共同成长。老师可以多鼓励小晨父母相信自己，也相信他们的孩子。

如何看待关系的疏远？

小兵发现在学校时和同学的关系疏远了，一些同学戴着口罩，他很难看到对方的表情，虽然避免了彼此无话可讲的尴尬，但这种疏远的感觉，让小兵感到非常困惑和苦恼，不知道该怎么办。

人与人之间要把握合适的交往距离。在公共场合与陌生人保持3.7～7.6米的距离比较合适，我们称之为公众距离；彼此认识的人之间保持1.2～3.7米的距离，是社交距离；朋友之间交往保持0.5～1.2米，属于个人距离；亲人之间的距离是0～0.5米，是亲密距离。[1]其实人际交往不是距离越近越好，适度才是最好的。

疏离感更多的是一种心理距离，每个人都有自己喜欢的行为方式，对心理距离的需要也是不同的。有心理学家提出了人际风格理论，帮助大家了解自己或他人的性格类型、风格特质，知己知彼，才能提升人际沟通的方法和能力，更顺畅地完成沟通。行为风格是一个人天赋中最擅长的做事风格，PDP性格测试根据人的天生特质，将人群分为五种类型，包括：支配型、外向型、耐心

1　史慧.谈谈人际交往中的空间距离［J］.河南水利与南水北调，2007（07）：73-74.

型、精确型、整合型。从人际风格视角我们更能理解，和不同的人交往我们需要采取不同的应对方式，因为每个人都有不同的情感需求，对社交距离也有自己的需求，只有找到适合的方式，才能让彼此处于舒服的状态。[1]

也许小兵感受到的这种人际的疏远有时候并不只是一种人格特质，更像是一种自我保护的方式。有的同学在担心和歉疚的夹击下，更难直截了当地通过说"不"来保护自己的边界，于是，退而求其次的方式产生了——同学们会悄悄地淡出一些关系，或者干脆和人保持一定的距离。这样的方式虽然被动，但是这样的疏远既保护了自己的领地，也不至于让关系破裂。面对同学的疏远，小兵可以通过三礼——礼貌、礼节、礼让和同学进行交往，唯有礼貌才显尊重，唯有礼节才显修养，唯有礼让才显大气，小兵如果能做到这些，和同学的交往就会越来越好。

小兵和同学交往中也可以用手势或者文字表达彼此的情感，还可以把拥抱改为"比心"，这样同样可以表达对伙伴的情感，有时候仍旧可以在微信上和伙伴聊天，体会现代化通讯的便利，相信伙伴是能够理解的。

其实人际交往不是距离越近越好，适度才是最好的，要想把握好"度"，需要在生活中慢慢琢磨，哪些人可以成为亲密的朋友，哪些人只是良好的同学关系就可以了，相信聪明的小兵马上就会拥有更好的同学关系。

1　黄诗梅.巧用性格特点管理职业学校学生［J］.职业，2016（26）：58-59.

如何面对分离？

开学了，天天很高兴，可是到学校后，他发现自己的同桌没来，本来坐他旁边的同学是小姚，但现在是自己不怎么喜欢的玲玲。天天很遗憾和难过小姚的不辞而别，他想他们关系挺好的，怎么小姚突然说也不说一声就不来上课了呢？

一个假期过后天天发现小姚转学了，有的任课老师也变了，这让天天感到心里空落落的。这是一种分离之后产生的哀伤，这是一种复杂且难以被理解的情感。生活中我们都会，也必将经历失落。无论这个失落，是由死亡、分别或者其他原因引起的，哀伤的阶段都是相同的。哀伤一般会经历这五个阶段：

（1）否认。"这不会发生在我身上"，在熟悉的地方寻找自己曾经的朋友，或者如果面对死亡，依然留着那个人的位置，又或者假装他们还住在那儿。

（2）愤怒。"为什么是我"，感觉到想去反击或者报复。如果是死亡，会对死者感到愤怒，指责他们的离去。

（3）讨价还价。讨价还价经常发生在失去之前。想要与要离开的那一方做交易，或者想要去讨价还价，去改变失落的内容，乞讨、许愿、祈祷他们回来。

（4）消沉。强烈的无助、沮丧、痛苦、自我怜悯，对人的哀悼，压倒了一切希望、梦想和未来的计划。觉得失控、麻木，甚至感到想自杀。

（5）接受。妥协和接受之间是有区别的。天天必须接受这个失落，而不是去默默地忍耐它。意识到那个人的离开（也许是死亡）并不是他们的错，他们并不是蓄意离开你（即使是自杀的情形）。寻找失落带给你的痛苦中好的地方，寻找安慰和疗愈。天天的目标是转到自我成长和那个人带给你的美好回忆上。

人生充满着大大小小的分离，只是有的分离是小分离，有的分离是大分离；有的分离是在人意料之中的分离，还有一些分离，是突如其来的生离死别。人生也像一趟列车，很多同学、伙伴都无法陪伴天天到达终点站，当他们中途下车时，自己只能对他们说，"谢谢陪伴"。人生也是不停和熟悉的人分离、和陌生人认识的过程，离开熟悉的环境，进入陌生的地方的过程，所以天天不要惆怅那些离去的、熟悉的人，还有更多有趣的事和人在等着自己！

天天在失去之后感到痛苦是正常的，老师和家长要鼓励天天积极、乐观的生活，变得更坚强，重新找到对爱和幸福的希望。天天也可以通过帮助他人，体会到一个很好的疗愈自己的体验。老师和家长还要鼓励天天在情绪深受困扰时寻求专业帮助。

41.

如何看待竞争？

晓晓和威威是好朋友，晓晓这一次参加了学校的网络征文比赛，她把文章改了又改，还在网上读给威威听，让威威给她出出点子。威威说了几点意见后也想参加比赛，晓晓急了，觉得多了一个竞争对手，心中很不乐意，两人产生了矛盾。

竞争的本质是个体或群体间力图胜过或压倒对方的心理需要和行为活动。竞争也是个人或群体的各方力求胜过对方的对抗性行为。竞争有其积极的意义，能使人振奋精神，奋发进取，促进社会进步，提高劳动生产率。也有其消极的作用，它会挫伤双方积极性，使有限的资源难以发挥最佳效益，不利于人际关系的建立与发展。[1]

然而，现实生活中竞争总是与合作相辅相成。合作能有力地协调人际关系，提高工作效率。然而，合作过程中，群体成员之间也有竞争，例如，一个篮球队在对抗赛中，队与队之间是竞争关系，而每个篮球队内各成员之间则是

---

1 周加启.对运动主体和谐人格精神的探析——以足球运动为个例［J］.体育世界（学术版），2019（04）：90–91.

合作关系。每个队员都想为全队多作贡献，投篮命中率高的队自然是优胜者，而投篮手则需要其他成员的密切配合。一个群体内部进行合作时，成员和成员之间必然会展开竞争。所以说，竞争与合作相互依赖，缺一不可。

晓晓在学习中，如何发挥竞争的积极意义，避免因竞争而导致同学间的矛盾呢？首先，晓晓要意识到合作与竞争是相辅相成的。晓晓一方面要努力超过对方，另一方面也要和威威友好相处，你有问题可以诚心地去问他，他有问题也可以向你请教，如果两人都不能解决，可以在一块共同研讨。身边的竞争对手在一定程度上是彼此共同进步的合作伙伴。其次，对于竞争目标的选择不能盲目，如果晓晓作文成绩中等，却偏以班里出色的威威为目标，这就有些急功近利。如果晓晓成绩不如威威，目标选得太高，实现起来的困难就很大，实现的可能性也比较小，这样就很难坚持到最后，也很容易受到失败的打击，不利于自己学习自信心的建立。在学习上选择竞争对手，就像在湖中选择一只和自己同行的船相互比赛一样，如果晓晓选一只离自己很远的船，追半天追不上，就泄气了；但如果晓晓选一条离自己很近、就在前头的船，就会激起自己的斗志。最后，晓晓最终的竞争对手还是自己，即使在竞争中失败，只要现在的自己比过去的自己进步，就值得肯定。

竞争是当今社会必不可少的，竞争就会有比较，会让人产生不开心的情绪，引起人与人之间的隔阂，彼此不满，甚至会有矛盾发生。晓晓应该理性应对竞争，客观地看待自己的能力。其实竞争并不会让自己变差，如果没有竞争，自己可能都不知道自己是否优秀。有了竞争，当发现自己不如别人时，才能看到自己的不足，同时判断自己是不是进步了，只要比自己的过去好，就可以坦然面对，因为每个人都有自己的长处和短处。这一次输了，努力一下，也许下次就能赢。晓晓可以把竞争当作是提高自己的机会，把竞争对象看成是将来可以合作的人，有这样的胸怀，将来身边会聚集很多优秀的朋友。

如何成为善于合作的人?

返校了，同学们回到了久别的教室，很高兴。虽然开学了，老师还是要求课后作业同学们要用微信群自由组成网络学习小组，帮助一些落下功课的同学。小强是个"学霸"，主学科全部免考，照道理应该是同学们争抢的对象，但是全班没有一个人愿意和他结对，小强表面上不在乎，心里还是有些难过。

其实没人愿意和小强分在一小组，是因为小强不会合作。每次小组活动时，小强一个人就把所有的事情全部包揽了，如同在唱"独角戏"，其他同学连插话的机会都没有。汇报的时候也是小强一个人说得头头是道，也不顾其他组员满脸的不高兴，小强还觉得他们都"弱爆了"。几次以后就没人愿意和小强一个小组了。小强特别想和同学互动，但是看到同学们都嫌弃他的眼神，他低下了头。

有这样一个故事：一个老人有7个儿子，但他们总是不合，经常为了这样那样的小事争吵。有些坏人想挑拨七兄弟的关系，想等到他们父亲死后可以骗取他们的财产。老人知道了坏人的阴谋，但是谁也不能阻止他离开这个世界，临死前，他唯一不放心的就是自己的七个儿子。一天，善良的老人把七个儿子都叫到跟前，指着放在他们面前捆在一起的七根木棍说："谁要能把这捆

100

木棍折断，就能得到我的遗产。"每个儿子都想得到老人的遗产，都使出了全身的力气去折那捆木棍，脸憋得通红，但没有一个人能把这些木棍折断。"孩子们，其实要折断这些木棍很简单，我现在老了，但是即使像我这样的人都能折断这些木棍。你们看!"父亲说。然后他将木棍捆儿打开，很轻松地将它们一根一根地折断了。儿子们这才恍然大悟。"这样做太容易了，如果这样，每个人都能做到。"儿子们说。老人这才说出了真正想说的话:"我的孩子们，其实你们就像这些木棍，只要你们团结在一起，互相帮助，你们就会很强大，任何人都不能够伤害你们。但是如果你们分开，任何人都能把你们一个一个地折断。"老人继续说:"我在的时候，就像捆这些棍子的绳子，还能把你们捆在一起，但是我就要离开你们了，离开了捆绑你们的绳子，你们还能团结在一起，互相帮助吗?"老人语重心长地说。儿子们终于明白了父亲的良苦用心，七双手紧紧地握在了一起。看到儿子们这样团结，老人才放心地离开了这个世界。

合作是人际交往的基础，社会上职业分工很精细，要完成一个项目仅靠一个人是不行的，比如造一个房子既要有设计师、工程师、勘测师，也要有电工、木工、砖瓦工等，这需要所有人的合作，一个人的力量再大也是有限的。如果想在将来能有所作为，就要学会合群，合群意味着不仅考虑自己的感受，也要考虑别人的感受，在合作中把每个人的优势都发挥出来，取长补短，这样完成的任务往往质量更高。

这里和小强分享与人合作的小技巧:第一，鼓励。在与他人共事的过程中，善于发现他人的优势，及时给予赞赏和鼓励。第二，请教。学习、生活中遇到一些小困难，可以向身边的人提出，比如请教一个问题，借课堂笔记，或者请对方提醒某件事等。第三，创造机会。和同学约好一起放学，一起游戏，一起制订计划，一起运动，等等。

如果小强主动向同学伸出善意的手，慢慢同学也会有积极地回馈。

43.

如何营造温馨的考前居住环境？

考试是每一位学生在求学之路上必经的关卡，它是考查学生知识掌握情况的重要手段。通过考试，学生可以了解自己阶段性学习的状态，进而进行查漏补缺和下一阶段学习计划的展开。然而，高三学生小明发现，随着考试时间的临近，在家里越来越学习不下去，总是感觉莫名的心烦意躁，静不下心，晚上的睡眠质量也大不如前，总会在夜晚想东想西，控制不住思绪。这也直接影响到了备考的状态和效率。小明很困扰，希望可以得到一些关于备考居住环境的指导。

小明对考试有一定的紧张和敬畏之心也恰恰反映了小明对考试和学习的重视。对于小明而言，结束了一天忙碌的学习，回到家后的梳理和放松显得尤为必要。一个放松、稳定的居住环境，可以增加考生内心的秩序感和稳定感，不仅有利于在家复习效率的提升，而且对考前心理的放松也十分有益。保障考试居住环境的稳定、安全，也是从物理意义上对小明的学习保驾护航。那么，对于小明的居住环境，需要注意一些什么呢？可以从哪些角度帮助小明更好地进行考试准备，创造高效的学习效率呢？

首先，在小明的卧室区分出学习区与休息区。卧室整体应尽量无干扰，保持学习区环境的安静整洁、通风透气，并有适宜的光线和温度。学习区应当摆设与学习有关的物品，例如笔筒、草稿纸等。与学习无关的玩具、课外书等尽量不要摆放在书桌上，避免分散注意力。休息区建议采用温暖的灯光，棉质的床上用品，给小明营造一个温馨、舒适的环境。切忌在休息区学习，也切忌在学习区展开休闲娱乐活动。床的主要功能是睡觉和放松，如若在床上进行学习，会让大脑产生床是学习的地方的联结，长此以往会直接导致睡眠质量的下降。

其次，小明的书桌应尽量简洁，摆放学习所必要的物品、书籍。不要在桌子上放过多的考试资料和书籍，定期整理、归纳学习物品，随手可拿的应是最需要的学习资料和工具。书籍、资料叠得过高，一方面不利于学习资料的快速查找，另一方面也容易给人带来心理上的压力，进而产生焦虑和烦躁的情绪。建议小明保持按时清理书桌的习惯，将没必要的物品随时清理，留下自己认为最重要的物品。书桌是学习区非常重要的家具，书桌上可以放置一些自我激励的话语和自己的学习计划，在正向激励下促进自己努力学习。

最后，小明临睡前可以播放一些轻柔的音乐，调低卧室的亮度，使自己全身心放松下来。临睡前建议将卧室灯调整为暖调的黄色光源，床上用品应注重软硬适中，尝试用一些自然界的声音，例如风声、流水声或者舒缓的音乐帮助自己进入睡眠。睡前可以洗个热水澡，或者泡个脚，促进全身血液循环。关灯后尽量避免看手机、刷短视频，影响视力的同时也提升了神经系统的兴奋性，不利于安稳入睡。若小明出现实在睡不着的现象也不用心急，尝试做几组深呼吸，让自己的大脑放空，进入放松状态。

小明考前需要有稳定的环境，使自己放松。良好的居住环境，会让小明保持内心的平静和心态的平和，同时也将助力考试成绩的稳定，甚至超常发挥。希望小明在接下来的居住环境的打造中考虑以上这些因素，用科学的方式帮助自己备考、复习，更放松、平静地迎接考试的到来。

44. 如何看待信任？

　　每年的春季是各种流行病、传染病的高发季节，每天都会有学生因为感冒、发热、腹泻而请假。小晨这些天内心会有担忧和恐惧，因为他不知道学校里的同学和老师接触过谁，去过哪里，总害怕自己会被传染，总觉得他人不可信，都不敢进行正常的人际交往了，这让小晨很困扰，希望能够得到一些建议。

　　和很多学生一样，小晨可能需要有足够的知识和方法去应对传染病的大型传播导致的重大危机事件。小晨这些天产生焦虑、恐惧的情绪，进一步产生了过度的应激反应，是需要老师和家长一起和他进行交流的。春季是传染病的高发季节，小晨将对过往传染病的担心泛化到了当下的流感等一些传染病上，进而产生了新的恐惧和焦虑。小晨害怕生病，害怕接触，这成了他内心很难过去的一关。那么，这时候老师、家长可以给小晨哪些建议呢？

　　首先，接纳、调节当下的焦虑和恐惧。小晨可以客观认识传染病的复杂性和变化性，正视自己因为信息过载而产生的情绪反应。对于传染病的传播渠道，应该秉承"不信谣、不传谣"的科学信念，收缩信息渠道，只关注官方媒介，了解传染病的"不确定"性。人的思维、情感和行为三者之间是相互影响的，小晨对待一件事情的看法会产生相应的情绪，情绪会促使小晨做出某种行为，而行为会进一步加深小晨对事情的看法，因此调节情绪在恢复小晨的人际信任中显得尤为必要。当出现焦虑、恐惧、不安等情绪的时候，小晨可以尝试腹式呼吸的办法，吸气—呼气，做几个循环，让自己能够放松下来；或者可以尝试去和信任的朋友聊一聊自己对待传染病的态度和感受，用同伴或者身边老师、家人的力量去化解这种情绪带来的负面感受。小晨应该从正面去化解这类情绪，而不是压抑、掩藏。

其次，科学做好预防春季传染病的知识储备和物质保障。对于学校生活中可能产生的传染问题的担心是有必要的，这体现了小晨对自身健康的关心。建议由小晨亲自参与防护物品的购置和准备，如购买N95口罩、酒精喷雾等，这样可以进一步帮助小晨增加心理确定感。也可以建议小晨积极查阅相关资料，获取科学防疫的信息，相信小晨通过科学防疫可以有效减少被传染的可能性。同时老师和家长要引导小晨相信学校和社会的防护措施，相信这也会在一定程度上帮助小晨缓解对疫情本身和人际信任的焦虑。

最后，学会拥抱不确定性。从冬季到春季，由于季节的变化会带来一些不确定性，假若小晨真的不幸感染"甲流"等传染性疾病，也不必惊慌，保证充足休息，合理睡眠，补充蛋白质，多喝热水，以积极的心态战胜疾病。有时候疾病本身并不可怕，可怕的心态才是信任危机中最大的敌人。小晨拥抱不确定性的背后，就是接纳和适应变化，学会在变化中成长，接纳当下的不安定，同时保持自己灵活的应变能力。大自然季节的更替会带来传染病的流行，但是现代医学是在不断发展和进步的，小晨要相信科学，同时相信自己能和这些病毒共处，强身健体，让自己拥有一个更好的体魄去面对这样的情况，让自己拥有更好的能力和他人进行身心愉快的人际交往。

45.

如何看待理解？

这些天，进入青春期的小强总会提到自己的父母很唠叨，感觉自己不被理解。小强妈妈总是反复唠叨：作业写完了没有？下个月又要考试了！又玩手机了，怎么不看书？赶紧回家，不要在路上逗留！这类的叮嘱让小强感到厌烦，他会因此和父母发生一些冲突。有学生提出困惑，面对父母们的唠叨，如何去理解他们呢？他们很希望在这方面寻求一些专业的意见和建议。

父母对孩子的爱是最真挚的，从孩子还未降临于世，父母便开始了他们的操心。小时候，父母担心自己的孩子吃不饱、生病，孩子逐渐长大，父母开始担心孩子的学习、适应力。随着小强进入青春期，自我意识开始觉醒，慢慢会觉得自己的父母"管太多""手伸得太长"，在这样的交往模式中，家长的关心和叮嘱不免会让小强感到厌倦。父母是因为关心才会叮嘱，而小强的反馈会让父母觉得自己不被理解，进一步产生沮丧、愤怒等情绪；小强则因为觉得父母不够信任自己，而会产生不满和厌烦。双方的不理解，会将"关心"这件美好的亲子互动变得尴尬而无力。那么，小强可以做些什么去促进双方的理解呢？

第一，小强可以尝试理解父母叮嘱背后的感受和观念。父母的叮嘱，是出于什么样的角度和原因？小强若是能够站在父母的角度去思考，去感受父母叮嘱背后的感受和观念，或许接下去的情绪和行为反应将会有所不同。避免或化解矛盾冲突的关键，是彼此把对方的需要和自己的需要放在同等重要的位置去考虑，这也是我们讲的所谓的同理心。小强如果能设身处地地站在父母的角度去为他们着想，可能就会多一层理解和宽容。

第二，去表达自己对待叮嘱的感受和内心的需要，而非展示情绪化行为。小强如果做到了观察现实和觉察感受，这才是真正智慧的表现。通过表达感受，例如沮丧、害怕、喜悦、开心、愤怒等，说出自己有哪些需求才导致这样的感受，进一步再去和父母提出要求。理性的非暴力沟通，能够促进彼此的理解，达成更好的沟通。小强可以多采用"我感到……"加上当下情绪词这样的句式去表达自己当下的感受，谈一谈自己感受背后的需要，或许是想要被尊重，或许是想被理解，或许是想被认可，再进一步去谈谈自己的要求，要求需要具体而明确，切忌空谈或提出不可达成的要求。

第三，可以试着找寻和父母共同的爱好和行动。有时候最好的交流并不是语言，而是共同的活动。小强尽可能在和父母共同的活动中，创造彼此交流的契机，这比坐在那里尴尬、苍白的说教要来得自然、和谐。小强可以和父母共同看一本书、共同观看一部电影，创造和父母共同的活动，在活动中去了解、理解父母。

第四，学会感恩。理解的前提是平等和信任。以爱的名义有时候仍会发生一些误解，但是理解就能让这些误解烟消云散。抱怨父母的孩子其实是在索取，他会抱怨为什么父母没有给予他更多，为什么父母拥有太少。老师和小强进行交流，要让小强做到理解父母，感谢父母努力的栽培，感恩父母对他的关心和包容，感谢父母今天为他创造的美好生活。学会感恩，也是学会理解父母，用一颗善良的心去感受世间最纯粹的爱。

如何形成良好的家庭氛围？

　　良好的家庭氛围可以滋养孩子，让孩子内心更加有安全感，更平和与坚定。一个良好的家庭氛围是民主的、有爱的、包容的，它将让孩子受益终生。然而，小华向老师倾诉，每天父母都在催促自己完成作业，完成学习任务，每天都在叮嘱自己是否准备好明天学习的用品……小华总觉得父母只关心自己的学习，不在意自己的其他事情，感觉在家里很压抑、很不开心。面对这样的家庭氛围，小华感到十分紧张和焦虑，因此想寻求一些帮助。

　　家是爱的港湾，也是学生最有力的支持力量。良好的家庭氛围是每个学生都向往的，这样的氛围不仅能够促进学生内心的成长，还可以帮助学生提高学习的效率。良好的家庭氛围是家庭精神风貌的体现，也是和谐亲子关系的重要标志。小华很希望能够拥有良好的家庭氛围。那老师可以如何帮助小华和她的家人呢？

　　第一，规范作息。小华可以调节自己的生物钟，让每一天都过得规律而充实的。小华可以通过自己的行动取得父母、家人的理解和信任，每天晚上定时睡觉，保证充足的睡眠，第二天准时起床，建立规律的生物钟。进行一个每日活动规划，每天安排好自己的学习、休闲、娱乐时间，劳逸结合，有目标、有计划地对待自己的生活。小华的家人在发现小华出现生物钟紊乱、熬夜等影响节律的事情时，切忌"一刀切"，粗暴改变孩子的生活节奏，容易爆发冲突，而是要安抚情绪，了解小华内心的真实想法，进而有针对性地进行解决。

第二，有效沟通。小华的父母和家人可以了解孩子的学校生活，营造和谐的亲子关系。学会倾听，了解小华的真实想法，不要过早地去评价和评判，停下主观判断，抛开成见和偏见去感受孩子内在的想法，用尊重的语气去表达对孩子的共情和理解。遇到事情，父母要学会引导，与小华共同寻找各种可能性，而不要直接告诉小华怎么办。父母的角色是孩子的老师、朋友、同学，让孩子对你有话直说，给孩子一份自由的环境，让孩子拥有一份自在感。小华的父母可以多听少说，真正走入孩子的内心。学会平等和小华交流，不要高高在上或者觉得孩子必须听自己的，放下父母的架子，像朋友一样关心孩子、和孩子交流、学会赞美孩子，用真诚、具体的语言去夸赞孩子，不要吝啬表达，大方地表达自己对小华的欣赏，帮助小华树立自信心。

第三，创造亲子活动时间。陪伴是最长情的告白。建议小华父母和小华一起共读一本书，共看一部电影，共做一道菜，尽可能创造一些简单、平常的亲子活动，在活动中增进彼此的了解，这比故意通过"尬聊"了解小华的日常更行之有效。在亲子活动中增进感情，不要勉强孩子进行亲子活动，从孩子感兴趣的活动开始，逐渐走进小华的内心世界，而不是强制要求小华参加家长为他安排的活动中。

第四，合理的期待和期望。老师可以引导小华的父母了解，小华是独立的个体，不要拿别人家的孩子同自己家的孩子进行比较。小华有自己的闪光点，在过高的期待面前，孩子可能会自卑，出现"躺平"心态，应当因材施教，给予小华充分的信任，让他"顺势"成长，平常心对待孩子，对小华每一次的努力给予正向回馈即可。

如何适度倾诉?

每个人都渴望在学校里交到好朋友，每个人也喜欢和自己的好朋友分享喜怒哀乐。学生会将烦心事告诉自己的好朋友，但是学生小敏表示，她经常找好朋友倾诉自己的烦恼，又觉得自己怎么负能量满满，害怕自己的好朋友看不起自己，觉得自己很烦。小敏对此很困扰，自己该不该和好朋友倾诉呢？小敏不知道该如何有效地倾诉自己的内心困惑？

人作为一个独立的生命个体，在面对困难和挫折时，难免会有孤独和无力感。倾诉是一种很好的化解心中烦恼的有效方式。校园生活是学生生活中的重要组成部分，确实会让人感到兴奋中又夹杂着烦恼。小敏首先想到把兴奋和快乐和身边的人分享，对于生活的忧心事当然也有被分担的需要，这本身并没有什么问题，并不要觉得自己很烦。喜怒哀惧都是人之常情，生活也因为有了这些情绪才显得丰富多彩。

当学生的心里有了烦恼和痛苦，产生了不良情绪，就会产生与人交流、被人理解、被人关注的心理需要。从精神分析的角度来说，这种需要就是人的本能，如果能够及时满足这种本能，人才会感到轻松和快乐。同样，倾诉也是一种积极的心理调适，它能帮助我们宣泄、排解和调节自己的不良情绪，让自己能够更加理性、平和。倾诉也是倾诉者在寻求帮助的过程，在倾诉的过程中，倾诉者可以调节情绪，同时获得新的、解决问题的视角。所以，倾诉本身并没有问题。那么，小敏该如何倾诉呢？

倾诉不是抱怨，同样的烦恼不要天天挂在嘴边，小敏可以聚焦自己当下的感受和想法，同时可以适当地向倾诉对象表达自己的需要，或是被理解，或是寻求解决方案，行之有效的倾诉内容，也可以使小敏的需求及时被满足。倾诉也不是喋喋不休地去进行情绪性的宣泄，而是去合理表达自己在当下的感受和背后的想法，去调整自己的认知，或者解决现在的烦恼。小敏倾诉应当是就事论事的，而不是喋喋不休地重复生活中的某个难题。同时，倾诉也要分时间和场合。建议小敏不要在不恰当的时间去找朋友倾诉，影响别人的休息和生活，应当在朋友有空的时候进行倾诉。同时注意倾诉的频率，如若同一个问题反复、多次被倾诉，那应当停止倾诉，反思自己的行为是否给朋友带来困扰。要记住，朋友并不是情绪垃圾桶，倾诉是一种正向的情绪交流，如果它变得被动、消极，那应该重新反思。

对待倾诉对象的耐心倾听，小敏应当及时给予正回馈，感谢倾听者的耐心陪伴，"投我以木桃，报之以琼瑶"，你来我往，暖心反馈，也会给予倾听者关于自身价值感的正面提升，也有利于双方对这段关系的正面评价。小敏千万不要理所当然地认为对方就该听你倾诉，将对方的付出视之为理所当然。心怀感恩，有来有往，会让倾诉这个行为加深双方的友情，如果小敏觉得自己的烦恼还无法得到解决，可以寻找专业人士的帮助。

人不是一座孤岛，倾诉是人与人之间的桥梁，也是人与人关系的黏合剂，这是一种恰当的人际互动模式。不要害怕去倾诉，但是也不要过度频繁地去倾诉，心怀感恩，就事论事，创造一段美好、和谐、你来我往、有爱的人际关系。

48. 如何与同伴交往？

新的学期开始了，同学们又能在课堂中一起学习，课余一起玩闹、说笑，天天见面了。在校学习、生活拉近了同学之间的距离，增加了人与人之间的互动。然而，小华发现最近和同学、朋友间相处的矛盾多了起来。比如，朋友关系和班级事务间的冲突，不同朋友圈之间的矛盾，同学、朋友间的观点差异等，小华感到很困惑。

在校园学习、生活中，和朋友们面对面地谈天说地，在操场上奔跑、运动，这些都是线上学习时无法做到的。假期后重新回到教室和校园，大家在兴奋中又有一些紧张。兴奋的是终于回到同学群体中，孤独感不再那么强烈了。小华紧张是因为面对从网络虚拟环境中脱离出来的真实人际互动，有一丝的无所适从，遇到人际交往的困难也不知该如何应对。那么，小华应如何处理现实中同伴关系的矛盾呢？

第一，彼此尊重。不要因为太久没有见面，而显得格外兴奋，从而失去了人与人之间交往的边界感和分寸感。小华需要注意和同学开玩笑时注意分寸，不要因为很久没见面一时忘形而拿别人的弱点来开玩笑，守住和朋友交往的底线。

第二，学会分享，推己及人。小华在学校里要多与同学分享快乐，多与同学分享点子，善意待人，力所能及地给予他人关爱，这是处理人际关系最正确的态度。如果能发自内心地接受对方，同学就能够感受到真诚，从而会报以信任的态度。

第三，真诚坦白。小华在处理学校班级工作和同学、朋友关系的时候，尽量做到真诚和坦白，如果遇到老师交给的任务或者自己负责的工作，和同学、朋友的利益有冲突时，可以选择合适的时机向他们解释自己的处境和难处，尝试获得同学、朋友的理解和支持，切忌说谎、欺骗和逃避。

第四，留出空间。小华可以给同伴足够的个人空间和时间，老师可以引导小华明白，同学情、友情并不是排他的，跟自己关系再亲密的朋友也会有其他的、不包括你的朋友圈。良好的同伴交往，需要尊重同学和朋友的其他朋友，尊重他们的个人空间和选择自由。

最后，小华要允许同伴跟自己有不同的观点和意见。在需要和朋友商量决定一件事情的时候，如果只为让别人接受自己的意见而极力争辩，是不能使问题得到很好的解决的。可以试着去探讨大家都能接受的意见，避免争执的产生。

49.

如何理解尊重?

　　日常生活中，我们时常会和同学、朋友互相倾诉生活中的烦恼、心灵上的困惑和情绪的起伏，以此来减轻自己的压力，消除自己的不安，也分享自己的快乐。小华最近经常听到好朋友和自己倾诉一些困惑和不安，虽然自己一直听着，但是害怕因为自己没有给到对方建设性意见而被认为是在敷衍，不知道该怎么做才好。还有小华平时和朋友们聊天、说笑，一不小心玩笑开过了头，也许就伤了别人的心。要如何才能避免这些情况的发生?

　　小华同学反映的情况，其实都是人和人交往中，容易涉及的如何彼此尊重的问题。尊重是人与人交往的基本前提，只要人与人之间存在互动，那么尊重就必不可少。对于小华而言，如何在日常的交往中表达尊重，如何做到自尊和尊重他人，这些都是他需要学习的重要内容。

　　首先，如何在同伴互动中反馈、回应伙伴的情绪和感受，表达尊重呢?一方面，小华可以表达共情，尝试站在对方的角度去感受对方的感受和观点，并尽量体谅对方，不管小华是不是能真的完全理解对方。对于沟通而言，换位思考是本位，是基础，不然很容易陷入僵局。小华可以尝试用"我感觉你现在很……""你感觉到了……""我理解你现在应该很……"等这样的语句表达共

114

情和感同身受。另一方面，小华尽可能不要打断别人说话，或者去抢着表达，习惯性地把话题往自己身上扯，以己度人……既然别人来倾诉，那么别人的需求是缓解自己内心的负面情绪，最好的尊重就是为他创造时间和空间，在陪伴和倾听中帮助朋友渡过难关。因此，小华恰当的反馈显得尤为必要。反馈可以是情绪的共鸣，也可以是进一步的建议，只需要围绕着倾诉者的需求去做。

其次，如何避免在交往中，因为不适当的言行伤及朋友的自尊呢？小华要秉持人人平等的信念，尊重他人的人格。第一，友情是建立在互相了解的基础上的，朋友之间多少都会知道对方的弱点或者"雷点"，小华平时聊天说笑尽量避开这些对方可能会介意的话题，尤其在还有其他人在的场合，这是珍惜友情，尊重朋友的正确做法。第二，每个人都有独立的人格和三观，是朋友也不意味着大家在每一个观点上都要意见一致，接受"不一致"存在的可能性，也是对他人的尊重。小华需避免过多指责、批判和攻击同学和朋友持有的、而你自己认为"不准确"的观点。

当然，小华在和同学、朋友交往中，也要注意避免自己规律的学习、生活被过分打扰，在理解、尊重他人的同时学会说"不"。

50.

如何培养亲和力?

学校的人际环境虽然相对简单和稳定,但是我们仍旧时不时需要融入新的群体,比如进入学生会,参加社团,加入各类比赛团队等。在新的人际关系建立的过程中,亲和力,也就是人缘是十分重要的人际交往"法宝"。小明希望自己能有一个好的人缘,想要放下自己之前人际关系中的紧张、严肃,争取以更加亲和、温暖的方式出现在同学们面前。那么,小明怎样才能增加自己在人际交往中的亲和力呢?

在和同学、朋友的交往中,你会不会或者别人有没有用"高冷""看上去有点凶"这样的评价形容过你呢?这些特点可能只是你内向的性格和慢热的人际交往模式的外在表现,虽然这些特点并没有好坏之分,但在需要快速融入的环境中,增加一些亲和力也未尝不是一种更好的选择。那小明可以做些什么来提高自己的亲和力呢?

一方面,小明可以从外在开始。首先,注意表情和身体语言传达的信息。开放、松弛的肢体语言和表情都能让自己看上去更加亲切和容易接近,比如舒展身体而不是含胸驼背,看着别人的眼睛说话而不是回避目光的接触,面带微笑而不是愁眉苦脸。其次,注意礼貌的言语表达,例如常说"谢谢""请""抱歉""打扰了"，等等。俗话说"善言一句三春暖，恶语伤人六月寒"，礼貌、和善的话语必定使别人更愿意接近你。最后，小明可以多观察身边亲和力强的人的行为和举止，将自己能够吸收的或者适合自己的技巧和方法记录下来，尝试去学习。不卑不亢，既不去炫耀，也不卑微，和气交流，尽可能减少用居高临下的态度去和别人交往。

另一方面，小明想要做一个有亲和力的人，内心深处往往要对他人保持着一种开放的、接纳的、欣赏的态度。在这种心态下，外在的行为就会表现出一种"欢迎"的姿态。因此，小明要学会"欢迎"和"接纳"，多替别人着想，换位思考，心存善意，善待他人。细心去了解别人的需求，解他人燃眉之急，但也不要刻意去迎合或者讨好别人，在做好独立个体的情况下，乐于去帮助他人。小明可以在与同伴的各种互动中，学会去尊重和善待他人，不卑不亢地做自己。此外，要增加亲和力，小明还可以学习真诚地欣赏和夸赞别人。当然，这样的欣赏和夸赞是建立在善于发现别人的闪光点的基础上的，而并非浮于表面，甚至是胡编乱造的。真诚的欣赏和夸赞能自然而然地拉近别人跟你的距离，让别人感受到你的真心和善意。

最后，还可以通过寻找和建立大家的共同点来增加亲和力。可以从同学间生活的方式、过往的经历，以及兴趣爱好为出发点，共同的爱好、相似的经历能增加话题，拉近心与心的距离，为建立良好的同学关系、人际关系打好基础。

怎样看待利他行为？

在我们身边，常能看到这样的场景，比如："你没纸巾了？我这里有，给你。""我刚刚做好的数学笔记，借你复习哦！""喏，笔借你用！"……同学之间的利他互助，形成了良好的人际交往氛围。但是小燕有烦恼，当她看到其他同学有那么多的互助行为时，自己也不禁产生了困惑：是不是也可以做些什么帮助其他人，但是会不会又太刻意了？自己非常愿意提供帮助，可是却苦于不知该如何开口。小燕想在如何对其他人释放善意这个问题上寻求一些解决办法。

释放善意是一种利他行为，在我们日常的学习、生活中，同学们之间的相互关心和帮助就是一种很好的利他行为。利他行为能够让人与人之间的联系更加密切，本质上也是一种互惠行为。

那么，小燕应该怎样去展示这样的利他行为？或者说，怎样不刻意地释放自己的友善信号呢？

第一，为他人提供有效的帮助。小燕首先要做好自己，当自己在某一领域或者某一方面有足够的知识储备的时候，才能够真正有效地为他人提供帮助。所以小燕首先要做好自己、了解自己，这比给人提供什么样的帮助显得更为必要。

第二，帮助不分大小。很多同学一提到利他行为或者是帮助，总是能很快速地想到自己身边遇到的一些好人好事，诸如给他人提供具体的物品，或者是一些特定的行动，却忽视了其实自己也曾做过一些利他行为。实际上，哪怕是生活中非常微小的一点善意的行动，也同样是有意义的。小燕不需要以别人的行动作为自己的标准，也不用觉得帮助别人就是要提供物质上的帮助。比如当身边有同学不开心了，小燕可以做好倾听者的角色，仔细倾听同学心底真实的声音；又或者同学不愿开口，那小燕可以就做一个陪伴者，让同学感受到无论他遇到什么难题，自己都陪在他的身边。他人的陪伴、理解和支持，同样都是帮助人们走出困境的重要力量，在同学的眼里也同等重要。小燕只要在自己力所能及的基础上，量力而行，为他人提供帮助即可。

第三，要了解利他并不是说让大家无偿帮助别人，什么事情都往自己身上揽，利他是真诚地帮助、关心他人，是一种情绪价值、行为价值的分享和互换。老师和家长可以提醒小燕，自己的利他行为一定是发自内心地帮助别人，发自内心地对别人好，是在帮助别人的时候，聚焦于对方身上，实实在在地帮助他，而不是想着对方会如何回报自己。如果帮助别人是为了马上得到别人的帮助，那不是真正的利他，那只是等价交换。老师和家长需提醒小燕，如果只看到眼前利益，是不利于收获长期、稳固的人际关系的。

第四，帮助他人，要注意分寸。尽管我们善意的行为是出于好心，但是如果不注意把握"度"，不贴合对方的需求，很容易会适得其反。可能很多人觉得，既然决定了、答应了帮助别人，那想法就得按照自己的来。虽然这么想并没什么错，但是不能忽视的一点是，我们帮助的对象是对方，而非自己。小燕的一切行动得以真正为对方解决问题为导向，切勿擅作主张，在助人前，一定要设身处地地想想，对方真正需要的是什么？自己应该做到何种程度？如果自己不确定，也不妨试试问问对方。

最后，老师也可以鼓励小燕，自己有愿意帮助他人的念头已经很棒了，这说明小燕能够看见同学的困难之处，也非常愿意给困境中的同学提供援助之手，在各种类型的人际互动中，在各种人际交流技巧面前，真诚、真心地帮助他人才是"必杀技"。

52.

如何应对烦躁情绪?

晓东是一名初中三年级学生，近期他总是感觉到莫名其妙的心烦意乱、坐立难安，常常感觉到闷闷不乐，对很多事情都没有兴趣，缺乏活力，干什么都打不起精神，也不愿参加社交，故意回避熟人，对生活缺乏信心，体验不到生活的快乐。特别是青春期身体发育迅速，同时，也容易产生强烈的情绪变化，晓东情绪容易冲动，爆发快，强度大，而且很不稳定。晓东想要自己解决，却又找不到合适的方法，只得闷在心里。

晓东的心烦情绪可能与压力、挫折、焦虑等因素有关。晓东目前出现的心烦是一种常见的情绪反应，人们在学习或生活中，遇到各种各样的问题或压力，例如学习压力、家庭矛盾、社交问题等都会引起心烦情绪。心烦可能会对人的身心健康产生负面影响，例如引发头痛、胃痛、失眠等身体不适，进而影响晓东同学的学习和社交等方面。因此，积极应对心烦情绪，提高心理调适能力，对于维护身心健康，具有非常重要的作用。

晓东可以通过以下几种方法来应对烦躁情绪：

（1）放松身体。可以通过深呼吸、放松肌肉、做瑜伽等方式来放松身体，缓解压力和焦虑感。例如，腹式呼吸就是一种通过慢节律方式的深呼吸来减轻压力、进行放松的有效放松办法。具体怎么操作呢？首先，呼吸要绵长而缓慢。呼吸的幅度和节奏要比正常的呼吸慢。然后，用鼻吸气、用口呼气。用鼻子吸气能有效过滤空气中的灰尘并加湿空气，再用嘴唇缓慢控制气体的流出。其次，一呼一吸的间歇控制在15秒钟左右。每天练习1—3次，训练时可以坐下来或者平躺，练到身体微热、稍微发汗即可。腹部尽量做到鼓起缩回50—100次。每天坚持5—10分钟的腹式呼吸练习，体内氧气含量增加，身心都处于一种温暖、放松的状态中，从而使大脑的焦虑、紧张等情绪得到缓解，整个人感到神清气爽、精神焕发，长此以往能够起到很好的身心放松的效果。

（2）分散注意力。晓东可以尝试分散注意力的方法，关注其他的事情。例如：可以数数，从100倒数到0。如果这个太简单，容易分神，就改变一下，从147开始连续减7，一直到零。除此之外，数地板的砖块、数钟表的滴答声、看着一段话用其中每个字联想动植物的名称等，这样的方法都有助于晓东控制自己的情绪。晓东也可以通过做一些轻松、愉快的事情，如听音乐、看电影、与朋友聊天等来分散注意力，减少心烦的情绪。晓东还可以参加一些社交活动、社会实践活动等来增强社交能力。

（3）尽可能用积极心态应对问题，练习用不同的视角看问题。要让晓东同学知道，在遇到问题和困难时，难免会出现情绪的低落，但保持向上的心态更重要；敢于逆流而上，人生才能不断攀登高峰。身处低谷，晓东不仅可以稳定情绪埋头做事，还可以全力向上爬坡，走出困境，成功登顶。

（4）鼓励晓东培养各种兴趣爱好，例如阅读、听音乐、做手工、身体运动等。比如说运动，无论是跑步，还是跳绳、俯卧撑、深蹲等，只要能够让自己动起来的活动，那就让自己动起来，在动起来的过程中感受自己的运动细胞在绽放，从而感受到自我的存在感。运动中能够释放大量的多巴胺，让自己烦躁的内心随着汗水烟消云散。

（5）建立良好的亲子关系。青春期是中学生心理结构发展的关键时期，在身体上和心理上都有朝向独立的推力，也面临寻求更多的独立和仍旧依赖于家庭内在的冲突[1]。鼓励晓东的家长尽量找时间与孩子沟通、交流，了解他的学习与交友等方面的情况，要更细心、更周全地关爱孩子，掌握他的身心变化情况及需求；鼓励晓东家长耐心倾听，承认并接纳孩子的情绪，努力体验孩子的

1　罗晓珍.青少年理性思维的培养［J］.哈尔滨职业技术学院学报，2005（04）：41-42.

感受，了解情绪产生的根源，发觉孩子内心的需求点，同时也要给予温暖和爱的回应；尝试向孩子表达自己的感受，学会等待青春期晓东的成长，对晓东更加耐心、包容，给晓东提供利于其成长的家庭环境。

　　建议晓东同学不断对自己烦躁的情绪进行调整和应对，保持积极的态度和心态，同时寻求必要的专业支持和帮助。

53. 如何看待模仿？

当高二学生小华回到学校里开始新学期的学习时，他和同学总会在课间交流一些之前所了解到的游戏或者视频网站。小华总能感觉到身边的同学和放假前相比，似乎对游戏或者娱乐设备更熟悉了。有些同学放学后，会在学校周边用手机一起组团"吃鸡""王者"……看到大家似乎都在交流和游戏有关的内容，原本不太玩游戏的小华也在思考是不是自己"out"了，是不是也要模仿他们的行为？小华也想通过模仿同学打游戏的行为或者方式，组织自己的小团队或者加入同学们的讨论话题之中。

模仿是人类学习的一种基本方式，它能帮助我们在生活中更快地获取知识和技能。然而，模仿也有可能带来负面影响，尤其是对高中生小华来说，他正在经历着人生中的许多变化和挑战，而消极模仿往往会影响他的成长和发展。因此，了解模仿的本质，以及如何应对消极模仿是非常重要的。

首先，了解模仿。模仿是指通过观察他人的行为和言语，从中获取信息并学习，以此来改进自己的行为和技能。这是一种自然而然的学习方式，孩子们从出生时开始就会通过模仿来学习语言和社交技能等。然而，模仿不仅限于儿童时期，它在整个生命过程中都有着重要的作用。

其次，学会应对生活中的消极模仿。消极模仿是指模仿负面行为，例如暴力、恶意和不良习惯等，这些行为可能对个人的成长和发展产生负面影响。对于小华来说，消极模仿可能表现为不良的习惯、游戏上瘾等不良行为。小华应该如何应对消极模仿呢？以下是几种可行的方法：

（1）意识到消极模仿的负面影响。小华应该明确意识到消极模仿所带来的负面影响，例如对身体健康、学习成绩和社交关系等的影响。只有当小华认识到这些负面影响时，才能够采取有效措施来避免消极模仿。

（2）找到良好的模仿对象。小华应该选择良好的模仿对象，这些对象具有积极的品质和行为，例如那些学习努力、诚实守信和正直的同学等。通过观察这些模仿对象的行为和言语，小华可以学到很多有益的知识和技能。

（3）建立自己的价值观。小华应该建立自己的价值观，明确自己的人生目标和追求。当小华有了自己的价值观和人生追求时，才能够避免受到消极模仿的影响，走自己的路。小华可以寻求家人、老师和朋友的帮助和支持，与他们交流自己的困惑和挑战，通过家人、师友的指导和支持，帮助小华走出困境，避免消极模仿对自己的负面影响。

模仿是社会交往中很自然的存在，只有当小华意识到它的存在，并且认识到了它的作用的时候，模仿才能被当作一个有效沟通的工具和一个产生和睦关系的工具而被加以应用。真正能够提升人际沟通的模仿行为，是通过在共同空间里、在近距离接触中，别人可以使你感觉到他们的感受。小华模仿同伴的行为，是随着社交的需要而自主生成的，而不是刻意为之，比如说：其实自己根本不想打游戏，或者没有那么强烈的意愿的时候，不应该逼着自己去迎合别人的兴趣爱好，去模仿别人的习惯。

建议小华注意观察积极的同伴行为。小华如果面对那些不良或者严重影响学生学习生活的行为，可以先想1分钟，引导自己冷静下来，独立思考，客观分析，知道哪些该做，哪些不能做，从而学会坦然面对。久而久之小华就可以尊重自己内心的想法，而不是委屈自己对他人随声附和，不断提高自己的社交能力。

如何处理同学间矛盾?

同学们日常的交流中离不开"学习"这个话题。高中生小华在假期结束后、周末结束后总会和同学互相点评对方的作业情况、成绩情况,在这一过程中小华为和同学产生矛盾而烦恼。面对同学的误解和排斥,小华不知道该如何应对,非常矛盾。

在高中生的成长过程中,同学间不可避免的存在各种方面的矛盾,如在学习、运动、社交等领域。小华如何处理同学间的矛盾,这既是一个有关价值观的问题,也是一个心理学的问题。小华如果能正确对待和同学的矛盾,可以激励自己更加努力地追求目标,提高个人素质和综合能力;相反,小华如果没有处理好和同学的矛盾,则容易导致自己的自卑、忌妒和攀比,产生焦虑、压力和挫败感。

老师建议小华在追求成功的同时,应该注重个人的内在需求,如自我实现、友谊等。不要过分看重外在的荣誉、地位和财富,而忽略了内在的幸福和满足。小华如果能够成功解决自己和同学、他人的矛盾,可以激发自己的潜能和动力,促进自己的进步和发展。其中比较重要的一点是,解决矛盾不是为了战胜同学和对手,而是为了超越自己。

首先，以积极的态度来处理同学间的矛盾。小华不要将矛盾的化解看成一种压力和负担，而应该以积极的态度面对同学间的矛盾。可以将矛盾的转化和处理看作是一种挑战，将挑战转化为机会，通过不断努力和学习来提升自己的能力。

其次，识别自己的攀比和忌妒心理。攀比和嫉妒是负面的情绪，容易导致心理上的负担和压力。小华在化解和同学矛盾的过程中，要避免攀比和嫉妒，专注于提升自己的能力和素质，不要为了超越对手而牺牲自己的原则和价值观，更不要把同学看成敌人或仇敌，而应该保持平等、尊重和理解的态度。

再者，不要忽视合作和团队精神。小华要正确处理和同学的矛盾，要知道合作和团队精神同样重要。在团队中，可以充分发挥自己的优势，同时也需要尊重和借鉴同学、他人的意见和经验，共同协作达成目标。合作可以实现共赢，而团队精神可以培养集体荣誉感和责任感。

以语文学习为例，小华在考试前，看到班上其他同学的成绩很好，感到自己不如他们，小华想向他们请教经验却吃了"闭门羹"，小华因此产生了自卑和焦虑的情绪。这时，小华可以采取以下措施：

（1）不要将自己的价值仅仅看作是学习成绩，可以关注其他方面的优势和特长，如体育、音乐、艺术等。

（2）应该以积极的态度面对和同学的矛盾，把矛盾看作是一种挑战，通过努力和学习来提高自己的成绩。要将注意力放在自己身上，专注于提升自己的能力和素质，可以和老师、家长、同学们一起学习、探讨、分享语文学习经验和方法。

最后，小华应该注重内在需求的满足，不攀比、不嫉妒，不看重荣誉、地位和财富，保持平等、尊重和理解的态度，发扬合作和团队精神，实现和同学、朋友一起，健康、积极地共同成长和进步。

如何看待亲密关系?

小燕发现以前学校里吃饭和午休的时间，就是和好朋友交流感情的最好时光，现在吃饭习惯保持距离，交流的机会少了很多。以前和女同学之间经常会有一些搂搂抱抱的亲密动作，现在也习惯了一种有间距的交往方式，反而特别热情的方式会让自己感到不适。小燕经常会在心里问自己：是不是同学之间不再亲密了？好朋友之间是不是有隔阂了？

亲密关系是指两个或多个人之间建立的互信、互相依赖和相互支持的关系。在亲密关系中，人们可以自由地表达自己的想法和感受，同时也愿意倾听和理解对方。亲密关系是一种互惠互利的关系，其中的每个人都能从中得到支持、满足和幸福感。空间距离确实会影响心理感受。社会心理学将人与人之间相处的空间距离按照亲密度分为：亲密距离（45 cm 以内）、个人距离（45～120 cm）、社交距离（120～360 cm）和公众距离（360 cm 以上）。以往我们和亲近的人相处时空间距离较近，有肢体碰触，面部表情清晰生动，现在空间距离拉开了，很容易给人带来疏远的感觉。小燕可以通过以下方法提升和同学之间的亲密关系：

（1）建立亲密关系的关键是交流。在亲密关系中，小燕需要和朋友彼此交流各自的想法、感受和需求。交流应该是双向的，即两个人都需要主动地倾听对方的话语，并对对方的感受表示理解和支持。有效的交流可以增强彼此的了解和信任，进而建立更加牢固的关系。

（2）信任是亲密关系的基石。在亲密关系中，小燕和朋友需要相互信任和尊重对方的隐私和自主权。当一个人被信任时，朋友会感到自己的存在和感受被重视了，这将增强朋友对人际交往的投入感。

对于小燕来说，常常和朋友聚在一起并不能提升亲密程度，应该像上面所说的那样，多去和同学、朋友交流，交换相互的意见，以期达成一些观点上的共识。同时，小燕和同学、朋友之间应是互相能够保守秘密和互相信任的，这远比"和谁一起吃饭""有谁陪伴去上洗手间"更值得关注。有时候，小燕不妨尝试换个方式沟通，说不定会发现新的乐趣。例如：用传纸条的方式交流想法，午后和朋友并肩在操场上遛弯，或用夸张的肢体动作"比手画脚"传递信息。

建立亲密关系是学生都需要学习和掌握的技能。在学习生活中，通过有效的交流、互相信任和支持，建立起良好的亲密关系，不仅有助于提高学生的情感能力和社交能力，也可以为未来的人际关系打下坚实的基础。

56. 如何认识互惠共赢?

开学至今，小A发现班里的大多数同学并没有在假期里好好学习。开学摸底考试马上就要来了，同学们一下课都围着小A问问题，小A自己学习的时间也没有了。尤其是很多同学会反复来问，甚至没有怎么思考就第一时间来问他答案。他感觉特别困扰的不仅是学习节奏被打乱，更是觉得帮助同学其实就是在帮助对手。但仔细想想，小A又感觉自己气量太小，因此不知道该怎么去处理同学频繁问他问题的情况。

互惠共赢是指在人际交往中，双方或多方通过相互合作、支持和协助，实现共同的利益和目标，从而达到互利共赢的结果。这种互惠共赢的关系不仅有利于个人的成长和发展，也有利于集体的稳定和繁荣。

互惠共赢是需要建立在学生互相信任和友谊的基础之上的。同时，双方或多方需要明确各自的需求和期望，只有在明确了对方的需求和期望后，才能够在合作和协作中达到互利共赢的结果。最重要的是坦诚和直言不讳，只有相互坦诚和直言不讳，才能够更好地沟通和合作，才能彼此达成一个互相都认同的行动方案。[1]

1　罗家德.积极做好企业的关系管理［EB/OL］.http://www.baijiahao.baidu.com/s?id=172169 9879546253558&wfr=spider&for=pc，2022-01-12/2023-08-02.

在人际关系的互惠共赢方面，每个同学还有很多的路要走，小 A 可以从以下方面着手：

（1）发展良好的人际关系。小 A 需要发扬自己的个性特点，积极交流和互动，建立起相互之间的信任和友谊。

（2）培养积极的心态。只有在积极的心态下，小 A 才能够更好地面对人际交往中的各种问题和挑战，从而达到互利共赢的结果。

（3）学会倾听和理解。只有在倾听和理解同学、他人的需求和期望后，小 A 才能够更好地与他人达成共识和协作，从而实现互利共赢的结果。

（4）避免过度依赖和以自我为中心。过度依赖他人会让对方感到压力和负担，而自我为中心的情绪则会让人们更加关注自己的需求和利益，而忽略他人的感受和需求，从而破坏互惠共赢的关系。

在学校生活中，实现互惠共赢的方法很多。比如，小 A 和同学之间可以互相帮助学习，分享学习资源和经验；可以和同学共同合作完成文艺活动或体育活动；在志愿服务中，小 A 和同学可以通过共同协作和合作，更好地实现志愿服务的目标和效果。这些方法和举措都表明了互惠共赢的同学关系是学校生活的重要部分。小 A 通过互相协作和合作，可以实现个人和集体的共同目标和利益。在帮助同学学习的时候，小 A 会觉得自己是被需要的、被同学尊重的，那么这也会让小 A 重新审视"利他"行为。但如果小 A 当下有很多需要做的事情，可以和寻求帮助的同学说明，并告知同学解决的方案，比如：集中讲解题目、形成学习小组、口口相传方式学习等。

在学校生活中，学生应该认识到互惠共赢的重要性，积极发展良好的人际关系，培养积极的心态，学会倾听和理解他人的需求和期望，避免过度依赖和以自我为中心的情绪，从而实现互惠共赢的目标和结果。

如何理解承诺？

小红和同学约好了中考考完之后要一起出去旅行。大家都做了充分的准备和很多的设想，每个同学都兴冲冲地等待中考结束，一起外出游玩。但是小红的父母都不太赞成小红去旅行，他们认为会有安全隐患。小红感觉到自己和同学定下的承诺没有办法完成，受到了来自多方的阻力，因而感到烦恼。自己究竟该遵守和同学们之间的承诺，还是要尊重家人的意见而做出改变或妥协呢？

承诺是一个广泛的概念，通常被定义为一种承担义务的行为，即承诺者主动做出某些承诺，表达自己将会遵守的意愿，并对此负有责任。承诺通常被认为是一种合作行为，需要两个或多个人之间的相互信任和合作。在社会心理学中，承诺被认为是一种社会契约，可以加强人与人之间的联系和合作。承诺的形成通常包括以下几个因素：

（1）动机和意愿：承诺者必须有动机和意愿来做出承诺，并认为承诺是正确的行为。

（2）诉求和约束：承诺通常是在对方提出诉求或要求的情况下做出的，承诺的实施也需要遵守约束。

（3）期望和信任：承诺者通常期望对方对自己的承诺表示信任，同时也需要对对方的信任做出回应。

承诺的形成也受到个人和社会因素的影响，如个人的人格特征和社会文化背景等。心理学实验证明，公开的承诺会使承诺者更好地规范自己的行为。

人的一生要做出很多承诺，而许下承诺就要去兑现，中国有个成语叫"一诺千金"，就是说答应别人的事情一定要办到。所以，做什么承诺，以及如何承诺，是一门学问，更是一门艺术。老师建议小红不要因承诺而影响自己的心情和生活。

小红在面对承诺时，该如何做呢？

（1）不要答应所有的事。小红在兑现诺言的道路上说不定会冒出什么意外来，而这些意外是无法预料的，因此，建议小红不要把所有的事情都应承下来。

（2）必须承诺时，尽量用"我尽力"取代"我一定"。

小红现在是初中生，能力有限，总有许多事情是不能或无法做到的，所以，必须要承诺的时候，可以用"我尽力"取代"我一定"，而且不要承诺具体的兑现时间。这样一来，即使自己最后办不成事，对方也不会责备你。

小红当时和同学订下毕业旅行其实有一个很重要的原因，就是把"旅行"作为心理动力，让自己不只把目光放在中考上，而是放在中考后更有意义的生活上。现在，家长出于安全的考虑，导致小红毕业旅行的承诺很难履行。因此，老师建议小红可以和家长之间达成一个共识，用一个新的承诺来替代"毕业旅行"，比如：和同学一起玩"三国杀"，一起去博物馆、图书馆或去当地的旅游景点，等等。用新的活动来实现承诺，激励大家勇敢走向考试，以及中考后有意义的生活。

58.

如何学会交友？

小A最近有点苦恼。原本关系很好的朋友，曾经在学校里形影不离，连上厕所都会结伴而行，仿佛"连体婴儿"一般。但最近，好朋友莫名其妙疏远了他，转而和小B走得很近。小A觉得心里空落落的，又怕别人发现自己与好朋友之间微妙的变化，便和小C一起上下学、多交流了。但是，小A心里总不是滋味。小A常在想，是不是朋友都是分分合合的，稳定的伙伴关系是不是很不容易维持？

在心理学领域中，稳定是指人们在各种压力和挑战下，保持情感、认知和行为的一致性。稳定是一种重要的个体差异，它可以从多个维度进行测量，包括情绪稳定性、认知稳定性、行为稳定性等。

小A同学对于人际关系的定义和交友有一点狭隘，认为形影不离的关系才是正确的交友模式。但其实稳定的人际交往是有距离的。即便是在最亲密的关系当中，也需要给对方留有空间，而不是完全将其控制在自己的可控范围之内。距离太近会让人感到失去自由，同时保证距离其实也是在保持对好友的新鲜感。因为在人际交往的过程当中，很多人为了能够获得更舒适的环境，可能会做出一些和原本性格相悖的举动，来塑造出自己乐观向上同时乐于交往的人格，而在近距离的接触之下，其实就会发现一些人本身是并没有那么喜欢交往的。关于交友有以下建议：

（1）在交友过程中不要让彼此关系成为跟随关系。小A在交友过程中要避免"我跟随你""我是你的跟班""我只能跟随他人"的观点。在稳定的人际沟通中，每个人各自要有各自的主见，有互相参考的价值。

（2）可以尝试建立广泛的社会支持网络。这是一种通过与他人建立良好关系和获得支持来提高个体心理稳定性的方法。小A可以通过参加丰富多样的社交活动、加入社团、与家人和朋友保持联系等方式来实现。建立社会支持网络可以帮助小A同学获得情感和实质性支持，从而提高其应对压力和挑战的能力，提高其心理稳定性，并掌握交友的方法。

（3）尝试建立健康的沟通方式。好的沟通是任何关系的基石，因此在任何时候小A都需要学会如何有效地沟通。这包括学会听取对方的意见和感受，并能够表达自己的观点和感受。此外，避免使用攻击性语言，保持尊重和理解，可以有效地改善沟通。

（4）学会处理冲突。冲突是关系中难免的一部分，因此小A需要学会如何处理它们。小A同学可以通过学会妥善处理不同意见和观点，提出解决方案，也可以通过了解对方的需求和期望来有效地处理冲突，获得友情。

（5）保持互相支持和理解。小A需要和好友互相支持和理解，尤其是在面对挑战和困难的时候。要保持这种互相支持和理解，需要不断地倾听和表达关心，同时也需要给予对方空间和自由。

（6）建立共同目标和利益。小A在交友时，双方需要拥有共同目标和利益，这可以增加彼此的互动和联系。共同的目标可以是共同的事业、家庭或兴趣爱好等，这可以帮助双方更加亲近和理解彼此。

（7）保持积极的态度和思维。积极的态度和思维可以帮助小A在关系中更加乐观和充满希望。积极的态度和思维包括学会察觉和改变消极的思维模式，避免批评和指责，以及关注对方的积极特点和成就。同时也可以通过表达感激和赞扬，来增强关系的稳定性。

最后，老师建议小A在学习、生活中广泛交友，这不仅能够培养他的人际交往能力，也能让他学会如何面对不同类型的朋友。维持关系的稳定，需要不断地付出努力和关注，同时也需要不断地学习和改善自己的沟通和处理冲突的能力，建立健康的互相支持和理解的关系，拥有共同目标和利益，并保持积极的态度和思维。

59.

如何才能善于人际沟通？

　　小明下课或者午间就待在教室里与熟悉的朋友进行社交，然而每天对着班级里固定的同学，小明总觉得自己的人际关系圈太小了，但是又害怕走出自己的舒适圈，与别的班级甚至别的年级的人认识。那么，小明究竟该如何踏出那一步，又该如何与他人进行良好的沟通？面对刚熟悉时的尴尬无措该怎么去处理？在人际沟通的过程中，需要注意点什么呢？用哪些办法可以扩展自己的交友圈呢？

　　人际沟通是人际关系的基础，是人类社会中不可或缺的一部分。它是指在人与人之间传递信息和意义的过程，是人们在交流中彼此理解、沟通、交流和互动的过程。人际沟通可以帮助我们建立良好的人际关系，从而获得更多的支持和资源，提升自我价值和生活质量。

　　心理学家将人际沟通分为非语言性沟通和语言性沟通。非语言性沟通主要指的是人们通过面部表情、姿态、肢体语言、眼神等方式传递信息和意义。语言性沟通则包括口头语言和书面语言两种。在人际沟通中，我们需要关注对方的语言和非语言信号，理解对方的意图和情感，并通过适当的回应建立双方之间的联系。

为了更好地进行人际沟通，小明可以采用以下方法：

（1）倾听和观察。在人际沟通中，倾听和观察是非常重要的技能。小明通过仔细观察对方的面部表情、姿态、肢体语言和眼神，以及听取对方的口头语言和语气，可以更好地理解对方的情感和意图。

（2）沟通技巧。沟通技巧包括言语和非言语技巧。言语技巧包括使用正确的词汇、语气、语速和音调，以及适当的表达和倾听。非言语技巧包括姿态、肢体语言、面部表情和眼神等。通过使用适当的沟通技巧，小明可以更好地表达自己的意见，同时也更容易理解对方的意图。

（3）理解文化差异。在跨文化交际中，不同的文化背景会影响人们的沟通方式和习惯。因此，小明了解对方的文化背景和习惯是非常重要的，这样可以更好地理解对方的行为和意图，并避免文化冲突。

人的社交圈，不仅仅是在物理场域下的人际沟通，有时候也有很多虚拟的方式。很多年前人们的沟通，主要通过信件的方式，现在我们有了微信、QQ这样的软件，它们都能够很好地帮助我们拓展自己的社交圈。那么，那些能够帮助我们实现自我成长和提升的社交圈就显得更重要。

在拓展朋友圈时，小明同学首先要关注能够拓展个人生活、学习的朋友，这些人可以帮助你在应对生活问题时更加积极、更有应对方法，让你面对生活有自己独到的态度、独到的提升方式，能够带领你的社交圈不断地提升。同时，小明在个人自我生活能力、工作能力、社交能力不断提升后，自然而然会产生一种人际吸引能力，帮助自己吸引更多的朋友，更好地拓展社交圈。人与人交往必须真诚地关心别人，真诚地帮助别人，小明首先要主动帮助别人，如果对方有需要你的地方，你有这个精力那也必须全力以赴。"赠人玫瑰，手有余香"，而且必须不计回报。

如何对待冲突?

　　青春期的小强正值叛逆期,在巨大的学业负担和不成熟的三观造成的影响下,容易产生逆反心理,非常容易与老师、家长产生冲突。面对老师和家长善意的提醒与劝告,小强明知自己的做法未必完全正确,仍然固执己见。家长、老师面对这样的情况难免头疼或一筹莫展。那么,小强又该如何正确认识冲突呢? 在遇到以上这些冲突情况时,家长和老师们又该如何引导小强呢?

　　冲突是人类社会中普遍存在的现象,它指的是不同人或群体之间在利益、意见、价值观等方面存在的差异和矛盾,这些差异和矛盾可能会引起摩擦、矛盾,甚至争斗。如何对待冲突是一项重要的社交技能,它关系到个体与社会的和谐发展,也关系到个体的心理健康。在心理学领域中,研究冲突解决的方法和策略被称为"冲突管理"。冲突管理是指通过采取各种手段,缓和、减少或消除不同个体或群体之间存在的冲突和矛盾的过程。冲突管理并不是要求完全消除冲突,而是在不影响个体和群体的利益、尊严和安全的前提下,以和平、理性、合法的方式解决冲突问题。冲突管理是一项复杂的社交技能,它需要个体具备一定的社交智慧和情商。以下是面对冲突的一些办法:

　　(1)逃避:逃避是指回避冲突,不去面对它。逃避可以在一定程度上缓解

137

矛盾，但它并不是解决冲突的最好方法，因为逃避只是暂时的，而且它并不能解决问题本身。

（2）妥协：妥协是指双方或多方达成一定的退让，以解决矛盾。妥协是一种权衡和协调的过程，双方或多方都需要做出一定的让步。妥协是一种比较有效的冲突管理方法，但它也有可能会导致一方或多方不满，从而引起新的矛盾。

（3）暴力解决：暴力解决是指通过武力或强制手段解决矛盾。暴力解决是一种不可取的冲突管理方法，它不仅会导致个体和群体的伤害，还会引起更大的冲突和矛盾。

（4）谈判：谈判是指通过双方或多方进行交流、协商和谈判，达成一定的共识和解决方案。谈判是一种比较理性与和平的冲突管理方法。

正常的人际交往中，也会因为意见不一致，产生冲突。面对意见相左或者冲突，有以下几个原则可供参考：

（1）阳光原则。善于从积极的角度发现问题并解决问题。心态是积极还是消极的，直接反映了一个人的人格特征和内在品质，也决定了从什么样的角度思考和回答问题。鼓励小强遇到冲突时，用积极的心态找到解决问题的方法和回答问题的思路。

（2）反思原则。在发现有人际关系问题时，请首先考虑自我反思。小强需要冷静下来，考虑自己做得有什么不足，是沟通不够，还是不注意听取他人的意见或建议等。小强如果有这些问题，要及时改正和调整。

（3）沟通原则。多数人际交往问题的根源是沟通不够。小强和老师、同学、家长应该积极主动地进行沟通交流，并尽快调整自己的学习方法和交往方式，一起探讨改变现有人际关系的紧张状态。

（4）回避原则。因一时、一事造成人际关系冲突的情景中，可以采取暂时回避的措施，日后找恰当的场合和时机进行解释和沟通。比如小强因为作业问题而在教室里与同学、老师发生冲突，可以采取暂时回避、日后解释的方法化解矛盾。[1]

1　［美］达纳·卡斯帕森.解决冲突的关键技巧［M］.王丽译.北京：九州出版社，2016：
　　136.

怎样开展友好交流、互动？

　　小玲成绩很好，她就觉得自己比其他人聪明一些，与同学交往的时候喜欢指手画脚。如果同学不听她的，她就大发脾气，同学们对她都敬而远之，也没人想和她交朋友。小玲很困惑，到底该如何开展友好交流、互动呢？

　　交流、互动是人类社会中非常重要的一环，它可以促进人际关系的发展，增强人们的合作能力，加深彼此的了解，同时也可以帮助我们更好地理解自己和他人的情感和思想。心理学从认知、情感和行为三个方面探讨了交流、互动的内在机制和外在表现，并提出了许多有效的方法和策略，来帮助人们实现更加顺畅和有效的交流互动。

　　认知方面的交流、互动主要涉及对信息的处理、记忆和理解能力。具体来说，它包括以下几个方面：

　　（1）注意与聆听：在交流、互动中，我们需要通过注意力的集中和聆听对方的话语，才能更好地理解对方的意图和情感。老师建议小玲在交流过程中主动关注对方，保持耐心和专注。

　　（2）语言理解与表达：语言是交流、互动中最主要的工具，我们需要通过语言来传递信息和表达自己的思想和情感。为此，小玲需要具备良好的语言理解和表达能力，同时也需要关注语言的细节和情感表达。

（3）情绪管理与表达：情绪是交流、互动中非常重要的一环，它可以影响我们对信息的处理和表达。因此，小玲需要学会如何管理和表达自己的情绪，同时也需要学会如何理解他人的情感和情绪变化。

情感方面的交流、互动主要涉及人际关系的建立和维护，以及情感的共鸣和理解。具体来说，它包括以下几个方面：

（1）情感共鸣与理解：情感共鸣是指在交流、互动中能够感同身受，理解对方的情感和情境。为此，小玲在交流过程中要多加倾听，关注对方的情感表达，并努力从对方的角度去理解问题。

（2）情感表达与接纳：情感表达是建立和维护良好人际关系的重要手段。为此，小玲需要学会如何表达自己的情感，并尊重他人的情感表达。

（3）信任与亲密：信任和亲密是良好人际关系的基础。因此，小玲需要在交流互动中建立信任和亲密感，例如通过分享个人经历、感受和想法来加强彼此的关系。

行为方面的交流、互动主要涉及行为表现和反应，包括肢体语言、言语行为、行为反应等方面。具体来说，它包括以下几个方面：

（1）肢体语言与面部表情：肢体语言和面部表情是交流、互动中非常重要的非语言表达方式。小玲需要学会如何运用肢体语言和面部表情来辅助自己的语言表达，同时也需要关注他人的肢体语言和面部表情，来更好地理解他们的意图和情感。

（2）言语行为：言语行为是交流、互动中最主要的表达方式之一。小玲需要学会如何运用言语行为来表达自己的想法和情感，同时也需要关注对方的言语行为来更好地理解对方的意图和情感。

（3）行为反应：行为反应是交流、互动中的重要环节之一。小玲需要学会如何在交流、互动中做出恰当的行为反应，例如回应对方的问题、给予支持和鼓励等。

在学校生活交流、互动中，小玲还可以通过以下方法和策略来促进良好的交流、互动：

（1）积极倾听：在交流、互动中，积极倾听是非常重要的一环。小玲需要保持耐心和专注，关注对方的言语和肢体表现，并及时回应对方的问题和需求。

（2）提问与回应：提问和回应是交流、互动中最常用的方式之一。小玲需要学会如何提出有针对性的问题，并及时回应对方的问题和需求。

（3）分享和讨论：分享和讨论是建立和维护良好人际关系的重要方式之一。小玲需要学会如何分享个人经历、感受和想法，并尊重他人的观点和意见。

（4）积极反馈：积极反馈是交流、互动中加强彼此关系的有效方式之一。小玲需要学会如何给予支持和鼓励，并及时表达自己的感受和观点。坦诚说出你的感受、烦恼，让对方知道你现在的状态，找到彼此合适的人际沟通和互动方式。

62. 怎样主动求助?

在日常生活中,小明总是会遇到困扰自己的问题,例如不能跟上学校的节奏,作业的难度过大,或是一些人际交往的问题。但是,看见同学们都在忙于学习,小明不知道能不能打扰他们,说一些自己的苦恼,有时候他非常担心这样的求助会让同学们感觉到非常的厌烦。小明不知道该怎么去处理这样的烦恼? 小明也不知道该如何让自己的求助不被反感,或者勇敢地说出自己的困扰。

主动求助是指当个人面临困难或问题时,自愿寻求帮助并采取积极行动去解决问题的一种行为。主动求助是一种自我管理的行为,其重要性在于它可以帮助个人增强自信心和解决问题的能力,同时也有利于预防和缓解心理问题。

我们可以从以下三个方面探讨主动求助的方法:

(1)自我评估,积极接纳自己。小明需要自我评估自己的状况,意识到自己是否需要帮助。可以通过问题列表、自我评估工具等方式来评估自己的情况。个人需要接受自己面临问题的事实,不要过分否认或逃避现实,以便更快地采取行动解决问题。

(2)搜索资源,寻求帮助。在意识到需要帮助之后,小明需要主动搜索可靠的资源，如亲友、专业机构、社会组织等，从中获取信息、建议和支持。

（3）主动行动。主动行动是主动求助的关键策略之一，小明需要采取实际行动来解决问题，如参加社交活动、健身、相关课程等。

有时候，很多人怕麻烦别人，但是，不麻烦彼此，关系也就无从建立。最怕的就是：你不说，我不问。很多关系就这样慢慢变得生疏，直到再也无法亲近了。每个人都渴望被需要，只要不是太过分的要求，别人一定乐意帮你一把，对帮助者而言，这也是一种快乐。

当我们不需要别人的帮助时，跟对方就缺少了建立关系的缘由，没有互相往来的交集，关系当然无法更进一步。当然，小明麻烦同学也需要适度，最重要的是，麻烦同学后应该给予适当的回报，如口头表示感谢，送一些小礼物给对方，约着一起运动、听音乐等，这才是最合理的相处方式。好的关系从来不是单向的，一定是互动的过程，小明麻烦别人时要懂得分寸。人和人之间，一定要谨守分寸，不冒犯、不打扰，这样才能不惹麻烦。

主动求助是一种自我管理的行为，它可以帮助个人提高自信和解决问题的能力，同时也可以预防和缓解心理问题。个人可以通过自我评估、搜索资源和主动行动来实现求助的目的。小明要理解主动求助是一种积极的行为，能够帮助个人更好地管理自己的情绪和问题，并提高自我认知和自我效能感。同时，小明如果需要，可以在老师、家长的帮助下，向有关机构和医院主动求助。

63. 如何理解人际交往中的满足与剥夺？

人们常说：孩子无论多大在父母眼中都是孩子。学生小亮每天放学后，总是想着和朋友一起去附近的商场逛一逛，买点小吃放松一下。而家长则会担心孩子太晚还不回家不安全，或是觉得外面的小吃不够干净，便要求孩子放学立刻回家。小亮认为家长这是剥夺了他社交的权利，于是和父母产生矛盾。那么，该如何看待这种"剥夺"呢？又该如何正确地平衡孩子社交的心愿和家长的忧虑呢？

这里的"剥夺"是指某种需求得不到满足，个体感到不满足、失落、焦虑和愤怒等负面情绪。人类有许多种不同类型的需求，比如生理需求、安全需求、社交需求、自尊需求和自我实现需求等。如果这些需求得不到满足，个体就会感到被剥夺。

从心理学的角度来看，认识剥夺包括以下几个方面：

（1）剥夺的类型。不同的需求得不到满足所引起的剥夺是不同的。例如：生理上的剥夺可能包括食物、水和睡眠等方面的不满足，而社交上的剥夺可能包括孤独、被忽视和被排斥等方面的不满足。因此，需要先明确剥夺的类型。

（2）剥夺的影响。剥夺对个体的影响是显而易见的，它可能导致焦虑、抑郁、愤怒等情绪的出现。此外，剥夺还可能对个体的认知、情感和行为产生不利的影响。例如，剥夺可能导致个体的注意力分散、决策失误和情绪不稳定等问题。因此，了解剥夺对个体的影响，有助于人们采取有效的方法来减轻或消除这种剥夺。

（3）剥夺的来源。剥夺可能来自外部环境，也可能来自内部因素。外部环境中的剥夺可能包括社交方面的不满足、经济方面的压力等方面的问题等。而内部因素中的剥夺可能包括自我概念的不满足、心理上的压力和情绪问题等。因此，了解剥夺的来源，有助于找到解决剥夺问题的方法。

面对和父母不同的看法，小亮可以采取不同的应对策略。例如，可以试图寻找满足需求的替代方式，或者通过调节自身的情绪和思维来积极开展和同学的人际交往。此外，小亮还可以通过与家人建立理解、联系和互动，来减轻或消除剥夺。

几乎所有人都无法在无社交的环境中生存。这和"亲和动机"相关。所谓亲和动机，是指人们害怕孤独，愿意与他人在一起的愿望。心理学则这样解释亲和动机：亲和动机是一种重要而又极其复杂的衍生性动机，是人们寻求友谊，建立、发展友谊的动力。亲和动机强的人，对朋友、对家庭、对群体充满了向往，渴望与他人建立深刻的情感联系，渴望成为某群体中的一员。小亮向往群体生活、向往和同学轻松愉快地交往，所以家庭隔离时间越长，小亮越会有无聊和焦躁的反应。老师建议小亮和家长多进行互动、沟通，家长要满足小亮适当的社交活动，帮助小亮拥有积极、良好的情绪。同时，老师也要提醒小亮，避免过多的社交活动。

如何开展异性交往？

小雪每天与同学朝夕相处，又正值花一般的年纪，有时会觉得有些孤独、寂寞，对异性同学产生了一些想要进一步沟通的想法。但是自己心仪的对象似乎正忙于学业，并没有更进一步的想法。小雪这样的情感对于她自己和对方来说似乎都是一种负担，小雪也因为总是思前想后，对自己的学习成绩产生了影响。对于这种萌生的情愫，小雪该怎样处理呢？

满足是一个广泛的心理学概念，涉及个体对自己和周围环境的需要和欲望得到满意感觉的程度。满足感是个体感受到的情感状态，它是对个体的需求和愿望得到满足的反映。满足感与幸福感和主观体验有关，它可以通过多种方法和策略来实现。

这些需求和欲望可以是生理的、心理的或社会的。例如，个体可能需要食物、水和庇护所，需要被尊重、认可和爱，需要实现自我价值和达成目标。当这些需求得到满足时，个体会体验到满足感。相反，如果这些需求没有得到满足，个体可能会体验到不满意和不满足。

小雪可以通过不同的方法来实现满足感，这些方法可以是自我导向的、他人导向的或环境导向的。以下是一些常见的方法：

（1）自我导向的方法：这些方法通常涉及个体自我实现和满足。例如，个体可以通过发展自己的才能和技能来实现满足感，或通过探索自己的兴趣和爱好来寻求满足感。

（2）他人导向的方法：这些方法通常涉及个体与他人的互动和关系。例如，个体可以通过与他人建立深入的关系和支持系统来寻求满足感，或通过帮助他人实现满足感来实现自我实现。

（3）环境导向的方法：这些方法通常涉及个体与周围环境的互动和关系。例如，个体可以通过建立积极的工作环境和社区支持系统来实现满足感，或通过参与环保和慈善活动来寻求满足感。

拥有美好的情感也是成长的表现。小雪有想要进一步和异性沟通的意愿，这是中学生成长过程中都会经历的事情。对于小雪来说，这种情愫可以使用延迟满足的思维方式来思考。延迟满足是指一种甘愿为更有价值的长远结果而放弃即时满足的抉择取向，以及在等待期中展示自我控制的能力。延迟满足不是单纯地让小雪学会等待，也不是一味地压制自己的欲望。它是一种克服当前的困难情境而力求获得长远利益的自我控制能力。自我控制能力是个体在没有外界监督的情况下，合理地控制、调节自己的行为，克服冲动，拒绝诱惑，持之以恒地保证目标实现的一种综合能力。小雪在与异性交往中要学会付出有度，给彼此一分恰好的定位和审视。老师要引导小雪在与异性的交往中如何相处和互动是需要有计划的。

当小雪的异性交往遇到了瓶颈，小雪一定不能急着去处理矛盾和问题，善于给双方自由和空间才是做到了延迟满足。比如小雪在异性交往中有了疲倦和无奈，有时想逃离不想继续。小雪出现这样的情绪实属正常，所以小雪在遇到瓶颈期时善于给双方以自由和空间去冷静和思考才是关键，千万别在这个阶段做任何冲动的决定，不行动和不决定就是对彼此最好的保护和爱惜。

小雪可以用欣赏的眼光去看待异性同学，给他肯定与称赞，让彼此在学习、生活中找到存在感与价值；小雪也要理解与尊重异性同学，做到善解人意，能体谅他人的难处；同时，学生阶段小雪的自我提升和不断成长也十分重要。祝愿小雪拥有一种细水长流、美好难忘的异性友谊。

65.

如何学会负责任？

小A是一名高二的女生，她不仅是班长，而且各科成绩都非常优秀。同时，她也是校学生会的文艺部长，弹得一手好琴，每次学校各大活动都有她的身影。班上同学小B感觉自己喜欢小A，每天会关注她的动态，内心很纠结要不要表白。小B觉得高中要以学习为重，表白失败两人关系将会很尴尬，不表白又感觉有点可惜。小B很烦恼，该如何做出对双方都负责任的选择呢？

处于青春期的学生在与异性接触的过程中，可能会产生互相倾慕，渴望交往，但又纠结于该不该表达的处境，这是很多学生都会经历的阶段。小B同学产生这样的烦恼是正常的，需要认真对待，选择对双方都负责任的方式。如心理学家艾瑞克·弗洛姆所说："人类两性之爱应包含以下几个要素：奉献、责任、尊重和理解。人类两性之爱不是本能欲望的自然发泄和满足，而是经由人的意志力选择而表现出的负责的行动。"

第一，分辨自己的内心。

小B同学对异性产生好感，可能是爱慕、迷恋或喜欢，是不是被她身上的优秀特点所吸引，比如成绩优秀、活跃于各大活动，小B向往这样优秀的品质，想要自己也可以拥有，是对小A优秀特点的羡慕和钦羡，并不是男女之间的喜爱。小B同学同时需区分是做亲密的好朋友，可以互相学习和进步，还是选择要进一步打破普通朋友关系，成为男女朋友呢？另外，青春期对异性产生爱慕或喜欢的心理，是正常而又需要被接纳的变化，小B同学要了解真正的爱情是什么样的。如心理学家罗伯特·斯滕伯格所提出的爱情三元理论，爱情包含：亲密、激情和承诺，不仅仅是本能的激情，其中也有相互的陪伴和负责任的承诺。小B要既感性又理性地看待青春期和异性的交往，树立健康的爱情观。

第二，运用科学决策方法。

小B同学可以使用"3C"决定模式。第一步，小B同学首先要分析当下的挑战，要不要表白？第二步，小B分析可以做出的选择，可以采取的行动方案。如选择表白，是公开表白呢，还是私下两人单独的场合表白呢？是含蓄委婉地表白呢，还是直接表白？如果选择不表白，是藏在自己的内心，默默地喜欢对方，用自己的行动说话，从朋友做起，相互了解；还是当下以学习为重，适当疏远对方，转移注意力，采取其他方式调整自己的情感。还有第三种看情况而定，观察对方的态度和反应，或者向他人求助，再做决定。第三步，小B对结果的分析，不同的选择会给自己、对方和周围人带来不同的影响，经过自己的理智分析，权衡利弊之后，真正考虑自己、对方和周围人的境况，做出负责任的选择和行动。

第三，互相包容与尊重。

不论小B同学是否表白，都需要理解、包容和尊重对方，需要礼貌而保有尊严地表达自己的态度。小B同学如果选择表白，也需要考虑对方的性格和感受，对方家长的感受，老师的建议等，选择适当的方式和合适的时机，换位思考，以合适的方式表达自己的想法，并尊重、理解对方的想法和选择。

66. 如何学会自我保护?

在信息时代，互联网沟通极为便捷，学生小强每天在网络上"冲浪"，有时候会在微博、在QQ空间中对偶像"评头论足"。但是，有时候小强会因为评论不当，被网友攻击，甚至使自己的隐私被暴露在网上。小强不知该如何面对这样的"侵犯"？

侵犯是指违背社会规范或道德标准，侵害他人的权利或利益的行为。人们在生活中可能会受到侵犯，如言语暴力、身体伤害、财产侵占等。从心理学的角度来看，理智对待侵犯的关键在于如何控制自己的情绪和行为，从而保护自己的权益和自尊心，并尽量避免与侵犯者产生过多的冲突。

小强可以采用以下方法保护自己：

（1）自我控制：在遭受侵犯时，首先要保持冷静和理智，控制自己的情绪和行为。不要轻易动手或说出冲动的话，要克制自己的愤怒和不满情绪，以避免事情进一步恶化。

（2）明确表达自己的立场：在理智对待侵犯的过程中，明确表达自己的立场和要求是非常重要的。可以采用语言沟通、书面文字或法律途径等方式，向侵犯者表达自己的不满和要求，让侵犯者清楚地了解自己的态度和底线。

（3）寻求帮助：在遭受侵犯时，可以向亲友、专业人士或相关机构寻求帮助。比如可以通过向警方报案、找律师咨询、寻求心理咨询等方式，以获得更好的保护和支持。

（4）学会适当的应对技巧：在日常生活中，小强需要学会一些适当的应对技巧，以更好地面对侵犯行为。比如可以学会自我保护技巧、沟通技巧、解决问题的能力等，以应对各种侵犯行为。

（5）理性思考：在遭受侵犯时，小强不要过分情绪化，要进行理性思考，找出解决问题的最佳方案，避免过激行为的发生。

（6）收集证据：在处理侵犯问题时，小强需要收集证据，以便更好地维护自己的权益，可以通过拍摄照片或录像等方式，记录侵犯者的言语或行为，作为证据材料使用。

网络的普及虽然给人们带来便利，但是小强需要理解网络侵犯时网友不仗义执言的心理学原因——从众心理，指个人受外界人群行为影响，而在自己的知觉、判断、认识上表现出符合多数人的行为方式。当小强想去发表言论时，请认真对待自己的发言权，不要让当事人变成受害者，多传递正能量，传递更多温暖，让自己和世界都被温柔相待。

如何理解赞同？

在与同学的交流中，小美经常会发现这样的情况：部分同学组成的团体一下课就围在一起讨论一些话题，虽然自己并不是很感兴趣，但小美为了和同学们打成一片，会参与讨论并使用赞同的语句，表现出很感兴趣的样子。有时候小美也并不认同同学们讨论的事情，但为了避免和同学产生矛盾，小美会附和地笑一笑。小美不知道自己的做法是否能提高自己的人际交往能力？

赞同是指在认知上或行为上的一致性或相似性，通常涉及某种主张或价值观，具体可以表现为对某个立场、看法或行动的支持或认同。赞同在社会心理学、政治心理学、广告心理学等领域都有广泛的应用。赞同是一种社会交往中的重要现象，它有助于人们建立信任、认同和团结等社会关系。

在社交场合中，赞同别人的关键是尊重和礼貌。小美同意同学的观点，可以直接表示同意，例如，"是的，我同意你说的话"或"我也这么认为"；小美也可以表达更具体的同意，例如，"你说得太好了"或"你有很好的见解"。小美无论是否同意同学的观点，都应该尊重他们的观点和意见，也可以表达自己的看法，但要避免争执。

同时，要避免盲目赞同。这是指在缺乏足够信息或思考的情况下，无条件地赞同别人的观点或行为。从心理学角度来看，盲目赞同可以被解释为社交影响的一种形式，即人们在面对不确定的情境时，倾向于依赖他人的行为和看法来决定自己的行为和看法。社会心理学中的经典实验——阿希实验和米尔格拉姆实验，就展示了社会影响对个体行为和决策的影响。这些实验表明，当个体面临不确定或模糊的情境时，人们往往会参考他人的看法或行为来指导自己的行为和看法，这可能会导致盲目赞同。

此外，盲目赞同还可以被解释为个体对归属需求的追求。在社交情境中，小美往往希望自己被认同和接纳，可能会无条件地赞同同学或他人的观点或行为，以获得同学和他人的认同和接纳。然而，盲目赞同可能会导致小美做出错误的决策或行为。因此，小美要提高自己的信息获取能力和思考能力，以便在面临不确定的情境时做出明智的决策和行为，而不是盲目赞同。小美可以尝试用委婉的方式表达不赞同，例如，"我可以理解你的想法，但是我有不同的看法"或"我认为我们可能有不同的观点"；同时避免使用直接的否定性语言，例如，"你错了"或"你不对"。

第三篇

幸福　人生

68.

如何战胜挫折?

在我们成长的道路上,几乎每个人每天都会遇到大大小小、各种各样的挫折事件。比如:小A同学努力学习,想要在这次期中考试中考取前几名,不料却只考了个十几名,感觉特别沮丧。小A同学本来兴高采烈地想和妈妈分享自己刚发现的美食,结果妈妈不由分说给他一顿批评,说他的成绩又退步了,小A一瞬间感觉妈妈成了这个世界上最不理解他的人,似乎在妈妈眼里,成绩才是最重要的。小A很想参加元旦节目的主持工作,但老师已经选了其他同学,小A内心感觉很失落,觉得自己在学习、生活中都处处不如别人,等等。这些问题都给小A造成了一定的情绪困扰。

在学习、生活中,我们难免会碰到挫折,当面对挫折和痛苦时,如何减轻压力,从无助感中走出,回到正常生活的状态呢?要想真正战胜挫折,我们需要建立勇敢面对挫折、不放弃、越挫越勇的积极心理品质!具体来说,小A同学可从以下五个方面做调整:

(1)学会合理期待,做正确的自我评价。比如在考试中遭遇失败和挫折时,小A可以告诉自己,学习成绩的提高是一个漫长的过程,也许一个阶段的努力不会使分数有较大的提高,但是只要不放弃,量变就能发生质变。在努力

157

的过程中，小A要学会给自己树立恰当的目标，合理预期。即使遭遇挫折，也能从失败中总结经验，试着从各个方面去分析自己没有达到预期的原因，找到自己的知识漏洞，然后调整方法和状态，在这种觉察和思考中，小A会发现自己的抗挫能力越来越高，也能更理性地看待自己。

（2）提高挫折认知水平、纠正不合理的观念。小A应既看到挫折的消极方面，又要看到挫折的积极方面，变不利因素为有利因素，化消极因素为积极因素，促使挫折向积极方面转化。[1]当小A受到伤害或打击，内心产生痛苦情绪和挫败感时，请第一时间对自己喊"停"，先处理好自己的情绪，然后再让自己跳出来去看这个问题，从局外人的角度去找到解决方法。例如小A面对妈妈的责备，可以让当时两个人激烈的情绪先冷一冷，等双方都冷静下来后再去进行沟通和交流。等情绪平复下来后，再去思考两个人平时的沟通方式，比如试着将两人争吵的语言记录下来，然后用第三者的视角去看待这些对话。也许一次失败的沟通能让你觉察到自己平时在人际沟通中存在的一些问题和困难，同时也能积累更多沟通的技巧和方式，获得良好的人际关系。

（3）转移注意力，学会自我疏导。当小A遇到挫折，会感到心情郁闷，这时小A可以想办法转移注意力。比如，可以进行一些体育运动、听听音乐、写写日记、和朋友倾诉等，等情绪平复一点后，再去找到某些自身具备的、有价值的特质，以弥补一些客观或主观存在的不足之处。这样不但可以调节情绪，还可以让自己的内心产生一种向上的激情，增强自信心。

（4）树立榜样，让榜样的力量来激励自己。心理学研究表明，榜样对中学生行为的改变有显著的影响。小A可以了解一些自己喜欢的伟人、先进典型和明星，和同学交流这些人取得成功的事迹，从他们的人生历程中去认识到挫折事件的积极意义，将负面情绪升华，以此激励自己可以像榜样一样，为了自己的目标、梦想而努力奋斗。

（5）多去帮助他人。很多研究表明，乐于助人的青少年的心理更健康。他们更活跃、积极，更愿意接受挑战，即使遇到挫折事件，他们也能更快地找到

1　仇文华，陈秀春.高校大学生挫折承受力的培养研究［J］.改革与开放，2009（11）：176-177.

应对策略。[1]老师建议小A可以去做志愿者，或者在平时的学习和生活中，给予需要的人一些力所能及的帮助等。在帮助他人的过程中，小A也能去反思和觉察自己在遇到类似困难时可能的心理反应，这样即使真遇到了，也能更有掌控感，更好地去应对！

1　彭凯平，闫伟.活出心花怒放的人生［M］.北京：中信出版社，2020：66.

69.

如何培养责任意识?

小明是一名初二学生,疫情让他的生活状态发生了一些改变,一段时间的居家学习导致小明回到校园后缺少学习斗志,不愿再去努力,同时,更是放弃了对于自身的责任,对自己不上心,天天说早起却常常会拖延迟到,上课无法专心,作业也马虎完成,考试成绩好坏也不太在意。小明对自己没有一个现实的规划,每天就稀里糊涂地过去了,小明也不知自己怎么了。家长也为小明缺乏责任心着急,如何培养小明的责任意识,让他得到成长呢?

责任意识是个体对责任事件的主观认知和体验,是特定个体的内心活动,但从本质上来说,责任意识是一种社会心理现象,它不可避免地镶嵌在特定文化和人际关系中。责任心是把一座道德大厦连接起来的钢筋。老师给了小明如下建议:

首先,坚决履行诺言。小明在做出承诺前,可以在同学、老师、家长的支持下,考虑事情的多个方面,要考虑现实的各种情况,不夸张、不盲目地做出承诺。一旦小明做出承诺,就需要信守承诺,才能言必行、行必果。小明可以从小事做起,不管承诺多小、多简单,都要认真对待、努力践行。因此,只有做到慎重许诺、坚决履行诺言,小明才能认真、努力对待自己的事情,才能培养责任意识。

其次，勇担过错。小明在某些方面做错事时，勇于承认错误也是一种负责任的表现，而承担错误所造成的后果更能考验小明的勇气。错了，就要勇于承认，并承担相应的责任。卡耐基曾说："蠢人才会试图为自己的错误辩护。"而更愚蠢的是试图让别人替自己的错误买单。小明在自己有错误和疏忽时，承认错误，并从中吸取教训，才是明智之举。小明只有承担责任，不推诿过失，老师、家长才能放心；小明只有勇敢地面对错误，今后才能避免错误，从而及时提高自己的水平和能力，错误成了上进的磨刀石。虽然小明坦率承认错误时，一些错误会受到老师、家长的批评，但获得更多的是大家的接纳、帮助和支持。

最后，自觉承担责任。小明如果愿意自觉承担责任，就能够激发自己的内在潜力，更加关注自身行为对他人和环境产生的影响，能积极主动地做出选择、积极主动地承担责任，克服依赖，走向独立；不把责任推卸给运气、环境和他人。小明可以尝试主动承担责任、愿意承担责任，而不是被迫、被动地承担责任，小明如果愿意做责任的主人，就会享受承担责任的快乐，学会反思自己的责任，在反思中更加清楚地了解自己的责任，更好地履行自己的责任，并在承担责任中不断成长。

怎样表达爱意？

在寄宿学校就读初一的小明同学，周末回家舒舒服服睡了个懒觉，起床后穿着单薄的睡衣，赤着脚穿着拖鞋去洗漱。小明的爸爸、妈妈提醒儿子不要着凉了，小明却忍受不了，"烦死了！学校烦，家里更烦！"小明和妈妈吵了起来，"我不回来，可以了吧？""砰"的一声，小明关上了房门，妈妈觉得委屈，哭了起来。于是，家里闹得"鸡飞狗跳"，矛盾升级。小明很苦恼，不知道为什么，其实他很想对父母表达感激之情，可不知为什么又忍不住朝父母发起火来。

小明处于青春期，正是自我意识建立的时候，有时无法控制自己的情绪，遇事冲动，不计后果。进入初中后，不仅要面对新环境、新同学、新老师，学习科目比小学增多了，难度也加深了。此外还要调整被动学习为主动学习，压力加大，导致小明情绪不稳定，特别是和父母在一起时，更是无法控制情绪。小明该如何了解父母的苦心，避免这种尴尬的局面呢？

首先，学会管理情绪。处在青春期的小明内心还是渴望着和亲人交流的，渴望得到更多的理解和支持。老师可以鼓励小明先冷静下来，理解父母的良苦用心，管理好自己的情绪。

其次，换位思考。爱是一个人想要拥有幸福人生应该具备的基本能力，它包括接纳爱，回应爱，学会爱，表达爱。作为子女的小明，即使父母对自己有误解，也应耐心、认真地指出，决不能对父母进行粗暴的指责，小明可以用自己的方式回应父母的爱，表达对父母的感恩之心。

第三，付出行动。在《爱的五种语言》一书中，归纳了五种表达爱的语言：语言表达、贡献时间、接受礼物、具体行为、身体接触，这给了我们很多启示，提示我们可以用不同的方式表达爱。当父母家人疲惫时，小明可以在话语中明确出现爱的字眼，如："我爱你""感谢你""辛苦了"；还可以在父母烦恼的时候，端一杯水，递一杯茶，帮他们捶捶背，揉揉肩；在父母生日的时候献上一首歌，送上一句祝福，甚至花些心思为他们制作一份礼物，表达爱的理解和体贴；或者来一次拥抱等充满爱意的肢体接触；甚至可以静静地坐在他们身边，陪他们聊聊天……

当有时父母听不懂小明说话的意思时，小明应该给父母耐心解释，同时帮助父母了解现代科技，让他们学会使用网络、各种聊天软件，以及各类APP等，这样可以帮助父母更好地与自己沟通。

当父母的观点和自己不一致甚至说得不对时，小明可以暂时不去执行，先口头答应下来，等到父母心情平静时再和他们沟通，或者通过小纸条、便利贴、微信和他们进行交流。

当处理重要事件时，小明可以先听清父母的意见，然后表达自己的观点，这样父母也许会考虑尊重你的选择。

当父母干活时，小明可以主动参与其中，这会让父母感到欣慰，会让他们觉得自己的孩子长大了。

小明的回应传递的是小明对父母的关心和感恩，家长一定会看见。对于小明而言，这个过程不仅可以感受到父母的爱，发现父母的智慧，而且也让自己变得更成熟。小明和父母通过增进彼此了解，进行情感的滋润，彼此的心会走得更近，相处会更融洽。

爱，一旦有了回应，冬天就不再寒冷，黑夜也不再漫长。

怎样理性消费？

　　小君是一名来自农村家庭的高一男生，家里虽然衣食无忧，但也不是很富裕。进入高中后，同学们总是喜欢聚在一起谈论一些品牌的衣服、鞋子，他们脚上穿的也都是品牌鞋子，而小君穿的都是杂牌或是打折的鞋子，顿时感觉有点自卑。他看着同学们的鞋子都挺好看的，也很想有一双，但他知道父母不会给他钱买昂贵的物品，因此他打起了学杂费的主意。小君以学校收学杂费为由头向父母要钱，买到了新鞋子，同学们都夸他的鞋好看，他心里很高兴，想着再买一双鞋换着穿，于是以学校收资料费为由又向父母多要钱。慢慢地，小君成了同学们羡慕的对象。小君心里一边很得意，一边又很煎熬，总是担心自己撒谎的事情被同学和父母知道，晚上总是睡不好觉，上课注意力也不集中，成绩一落千丈。

　　高中生身心发育尚不成熟，有着有别于其他社会消费群体的消费心理和需求，其消费观念和消费行为很容易受到外部环境和情感等非理性因素的影响。青少年对新兴事物具有很大的兴趣和敏感性，且喜欢争强好胜，盲目跟风，追求个性等，因此，容易形成不良的消费观，产生不良的消费行为。消费本是一件快乐的事情，然而案例中小君看到其他同学有名牌鞋子自己也要买，不考虑自身的承受能力，为了满足自己的虚荣心，撒谎要钱购买，其消费行为表现为典型的盲目跟风、超前消费、虚荣攀比现象，最终小君也并不觉得自己快乐。那小君要如何树立理性消费观，实现快乐消费呢？

（1）量入为出，适度消费。

高中生的经济来源大都是依靠家里，因此，小君消费水平应与家庭的经济条件相适应。首先，小君要了解家庭的收入来源及各项支出，根据自身的正常需求，制订合理的消费计划，量入为出，做到适度消费。其次，小君消费要考虑家庭的经济承受能力，不能只是一味地考虑自身的消费需要，过度消费、超前消费。最后，小君作为社会的一员，其消费还要考虑与经济、社会发展相适应，与国家、地区经济发展水平、收入水平、消费习惯相适应。

（2）避免盲从，理性消费。

盲目从众是消费中一种常见的消费心理，很多商家也会利用此种心理来诱导消费者消费。小君社会阅历浅，甄别能力弱，很容易受到此种心理影响，这就需要小君在消费时保持理智，理性消费。首先，要做到按需消费。消费决策时，要充分了解自己的真实需求和经济能力，认真衡量购买行为对自己的生活质量和学习状态的影响。消费要先满足自身基本的生活需求，再追求满足享受性消费。其次，要避免盲从。小君要提高自身的审美能力，坚持自己的喜好，同时要清晰地认识到，不是人有我必有，适合别人的不一定适合自己，坚决克服盲目从众。

（3）克服虚荣，绿色消费。

每个人都有自我尊重的需要，当自身条件达不到某些目标，但自尊心又过分表现时，人就会产生虚荣心。青少年对别人的评价非常敏感，更希望得到同伴的认同与羡慕，更容易产生虚荣心，在消费行为上表现为盲目攀比、过度消费，以此来获得关注，引起他人的羡慕和尊敬。然而，虚荣只是不自信的人用来包装自己的糖衣，它只会带来短暂的快乐，并不会带来持久的精神愉悦。小君应该正确看待物质在自己生活中的作用，物质是为了满足我们的生活需求，自己不应该成为物质消费的奴隶，更不能为了贪慕虚荣铤而走险，而是要考虑自己的消费行为是否符合身心的健康，是否有利于可持续发展，以免对自己、对家人、对社会造成不可逆转的伤害。[1]

1　孟丽花.高中生正确消费观的培养研究［D］.昆明：云南师范大学，2015：28.

（4）分享互动，快乐消费。

购物和消费活动可以成为同学之间分享和互动的重要途径。首先，小君可以通过与他人分享物品，如共享自行车、图书等，来节约开支，体验分享的乐趣，同时学会如何与他人合作。其次，小君可以与朋友、同学和家人分享购物和消费体验，增强彼此之间的联系和互动。这种分享体验可以让大家更好地了解彼此的喜好和兴趣，增进彼此的了解和信任。最后，小君与他人分享购物和消费的体验，可以为大家带来更多的快乐。当大家一起分享自己喜欢的商品、服务或场所时，小君可以感受到自己的成就感和满足感，同时小君也可以从他人的推荐中获得更多的启发和想法，让自己的生活变得更多样，更有充实感。

72.

怎样选择适合自己的升学路径？

　　进入初三后，同学和家长们就开始频繁讨论中考后的升学计划了，例如未来选择哪个高中就读，高中阶段选哪些学科等。当谈到类似话题时，小A时常感到迷茫，自己当前成绩一般，勉强能达到当地高中录取分数线，但是小A觉得哪怕上了高中，自己的学习也未必会顺利；又听说读职高能早点就业，课业也更轻松，这让小A有点犹豫。但是父母认为，小A应该读完高中再想就业的事，也期望小A未来能上一个好的大学。小A现在很苦恼，自己的升学之路到底该怎么走？难道只能以上"二选一"吗？会不会太草率了？还有哪些其他路径呢？怎么了解这些路径？

　　对于不同学段的人来说，面临升学抉择时，人们都希望能够找到自己的最优解，这时我们身边的亲朋好友会根据自己的经验和判断为我们提出不同的建议，但是那些建议真的适合我们吗？未必是这样。因此，在做出真正的选择之前，我们需要冷静下来，广泛地了解不同升学路径的信息，仔细分析和比较，最后得出自己的判断。

　　那么，小A该如何了解升学路径呢？

　　第一步，利用线上、线下资源广泛收集信息。目前，不同学段升学的路径是很丰富的，例如，初中生升学除了升入普通高中外，还有"三年中专""五年一贯制大专""职业高中"等路径，它们分别有不同获得本科学历的方式；高中生升学时除了统一高考外，还可以通过"自主招生""高校专项计划""艺术类招生及高水平艺术团""体育类招生及高水平运动员"等方式。这些信息是小A可以通过询问班主任、线上查询学校官网和地方教育局官网来具体了解的。除此之外，小A还可以通过和身边的亲朋好友进行访谈，询问其详细升学经历的方式，来收集一些实际操作中的注意事项；小A也可以通过咨询一些升学咨询机构的方式了解不同升学信息。

小A在收集信息时需要注意信息源的权威性，另外，同一信息最好能得到多方共同认证，以提高信息的准确性。

第二步，提取要点分类整理信息。将收集到的信息进行分类能让小A更好地进行对比和选择。小A可以根据自己的关注点将不同升学路径的信息进行分类，例如可以分成这样的几部分：升学条件——对学生个人有怎样的要求；优惠政策——有哪些加分项；培养方向——该升学路径下可以有怎样的发展；升学率——有多少人会选择该路径，竞争压力如何……这样小A就会发现信息分析变得简单了起来。

第三步，梳理自身条件来匹配、筛选信息。信息分类整理完后，小A还需要分析自己到底能够选择哪些升学路径，可以根据"升学条件"来列举自己的情况，然后将满足条件的升学路径挑选出来，再根据"培养方向"与自己目标的贴近程度，进行二次筛选。在此基础上，小A还可以和老师、家长一起交流，再作出选择。注意，必须是小A有优势且符合自己追求的选择。

第四步，根据匹配信息制订提升计划。当小A充分了解升学路径的信息后，在正式选择之前，小A也许还有一些时间可以继续提升自己。小A可以根据"升学条件"和"优惠政策"等信息制订一份适合自己的"提升计划"，可以请了解相关信息的老师对自己的计划提供指导。在实施过程中，小A需要根据自己的实际情况设计适合自己的总目标，并将总目标依据时间点分成若干小目标，阶段性目标达成后可以给予自己适当的奖励或正向反馈鼓励，以此来激励自己；没达成也不用气馁，及时调整，继续前行即可。另外，小A也可以请同学、家长或老师来监督自己的实施，相信小A行则有所成。

条条大道通罗马，适合自己的道路才是最好的道路。当外界给予的选择繁多，各方建议迥乎不同时，小A更需要冷静下来，认真分析现状，广泛收集环境信息，正确评估个人信息，及时行动，由此做到真正的掌控和理解。

73.

如何理性参与网络生活?

　　如今很多人的家庭经济状况都得到了很大的提升，很多人家有了电脑、平板，手机更是人手一部，上网已经不再局限于地点和时间，家里、商场、餐馆都可以通过无线网络上网。正是由于上网的便捷，网络内容的丰富，导致人们的上网时间越来越长。对于那些意志力薄弱的中小学生们，不能正确处理真实生活与网络生活的区别，把过多的时间花费在网络上。初中生小亮就沉溺于网络的垃圾信息、网络游戏、网络小视频等中，不能自拔，原本正常的学习规律被打破。那么，小亮该如何适应网络生活?

　　网络是时代发展的产物，网络的便利和发达相信很多人都能深刻感受到并得益于此，生活中人们已经离不开网络，老师和家长更应对中小学生的网络生活给予正确引导。案例中老师可以和小亮、小亮妈妈一起探讨网络生活的影响。

　　(1)影响身心健康。

　　小亮自我控制能力不太强，在网络世界里往往忽略了时间观念，眼睛无法得到休息，眼球距离屏幕越来越近，导致视力急剧下降;长时间的久坐不动，导致四肢无力;喜欢沉浸在游戏或者玄幻网文中，甚至出现精神恍惚的现象，等等，这些都会影响小亮的身心健康。

（2）忽略现实中的人际交往。

在网络这个虚拟的世界里，小亮以"网民"这一身份出现在直播间、贴吧、论坛等平台，尽管很多时候小亮可以大胆地表达自己的真实想法或者毫无顾忌地说出自己想说的话，但在这虚假的身份之下，网络中的人际关系很少有真实可言，时时充斥着不信任感，而且这种关系说断就断，无法建立正常的人际关系。另外，一向性格内向的小亮，误以为网络为其提供了展示自我的舞台，导致在现实的世界里更加内向，不善言辞，无法和同学、老师进行有效的沟通，最后导致人际关系的紧张。

（3）潜移默化地影响认知。

小亮心理状态不稳定，发育尚未成熟，生理和心理发展不完全同步，世界观和价值观也正在形成之中，此时无法对网络中的那些似是而非的东西进行有效的甄别，容易被不良文化和思潮潜移默化地侵袭、影响。

老师可以与小亮及其母亲一起探讨，虽然网络生活带给小亮许多便利，但小亮的网络生活存在的弊端也是毋庸置疑的。对于小亮来说，一定要明确自己上网的目的是什么，是不是非上网不可，是不是有紧迫性和必要性。为了让小亮不过度依赖网络，小亮和妈妈不妨一起制订一些规则：

（1）明确上网时间。

对于小亮来说，要明确自己的身份是学生，首要任务是学习，而不是整天沉迷于网络。网络上的各种小视频、游戏，小亮是很难抵挡住它们的诱惑的，所以一定要明确上网时间，比如：星期一到星期五晚饭后的半个小时，双休日某一时间段的一个小时。

（2）明确上网内容。

网上的信息鱼龙混杂，有大量不健康的内容，其中不乏有色情、暴力等低俗内容。为了免受不良信息的影响，小亮上网前一定要明确上网的内容，不点击网页中弹出的广告链接等。当然，小亮可以利用网络查阅一些资料，作为课本知识的延伸，可以倾听一些舒缓的音乐来做自我放松；也可以利用聊天平台和同学、老师进行学习、生活上的交流，等等。

（3）寻求父母的监督提醒。

作为成人，父母看待事物更具有客观性，对是非真伪的判断能力比较强。在网络生活中，光靠小亮的自控能力是不够的，所以，小亮可以请自己的父母来监督、提醒自己的上网时间和内容，来保护自己，做到安全、有益的上网。

网络生活毕竟也是现实生活中的一个部分，小亮切不可本末倒置，因为网络生活而忽略现实生活。小亮要广泛培养自己的爱好，增进同学之间的友谊，提升自己的学习水平。这样才能让网络成为小亮提高生活、学习效率的有效工具，而不是捆绑自己的绳索。

74. 如何合理使用手机?

小玲是一名13岁的女孩，她整天抱着手机，不注重个人卫生，饮食也不规律。在家时，父母让她写一会作业，她就显得很不耐烦，拿着手机就回自己房间去了，还把门锁了。小玲在家情绪时好时坏，而且对父母的话特别敏感，总会曲解父母的意思。小玲的成绩每况愈下，老师反映小玲上课期间总是走神，下课期间也不大和其他女同学走出教室去玩耍。据同学反映，小玲一放学，就拿出手机玩。那么，怎样才能帮到小玲呢?

手机的诞生最初是为了通讯，是人与人之间进行联络用的，如今的手机具有了各种各样的强大功能，也正是由于手机的这些功能，人们愈发离不开手机。导航需要手机，线下支付需要手机，线上购物需要手机，商务会议、学习查阅、娱乐电影，都可以通过手机来完成。正由于手机是个很便利的工具，所以也很容易让人产生依赖。

案例中的初中生小玲一放学，就成了"低头一族"，完全畅游在手机的世界里，对周围的环境，发生了什么事情全然不知，回到家里，更是一玩就是几个小时。老师提醒小玲和她的父母，小玲可能手机使用过度了。对小玲来说，时间是有限的，把时间耗费在手机上，那么势必要影响到学业。

有研究证明，长时间在手机上刷小视频，会产生的影响有：注意力不集中，神经和记忆变得缓慢和迟钝，认知能力受到限制，还会影响到语言、读写等学习能力。老师可以提醒小玲和父母，这些负面影响可能会影响到小玲的学业，让小玲没有办法集中精力投入到学习中去，从而感到痛苦和焦虑，最终厌倦学习、逃避学习。

小玲父母给小玲配备手机的初衷是在小玲外出的时候能联系到小玲，小玲可以用手机支付来购买一些东西，可以通过手机在双休日和同学保持联系，探讨学习，增进友谊，然而，小玲现在的情况与父母的初衷背道而驰。老师建议小玲父母可以定期陪伴小玲到相关医院和专业机构进行问诊，寻求专业人士的帮助。与此同时，老师、父母可以和小玲一起回顾小玲在哪些app上花费了大量的时间，在玩的时候小玲的感受是什么？它能够给小玲带来哪些收益？老师可以陪伴小玲、小玲父母明晰手机和需要的关系，引导小玲知道这些需要其实不只手机能够满足，还有很多其他的方式也能满足她的需求，比如说和伙伴一起玩线下游戏，踢足球、打篮球都可以获得快乐；如果喜欢影片，小玲不如约同学到电影院里看电影；如果想吐槽，小玲可以和同学当面一起吐槽。

总之，小玲父母可以和小玲商量适度地使用手机，这样小玲才能游刃有余地驾驭手机，才能获得更多对生活的掌控感。

如何看待网络游戏？

随着游戏产业的不断发展，各种网络游戏、电子游戏等层出不穷，游戏也越来越多样化、平民化，似乎打游戏逐渐成了人们特别是青少年群体娱乐生活的重要组成部分。然而，不少青少年却因此"沉迷"了。

14岁的男孩小明，原本是"三好学生"，但因为一次考试没考好，受到了老师和家长的指责，从那以后就开始打游戏，还整天、整夜打。家长带着小明去医院就诊时小明还很理直气壮，表示自己是一群孩子里打游戏最厉害的，自己靠打游戏也能挣钱，比上学舒服。小明的父母很担心，不知怎样做才能帮到小明。

网络游戏是一种新兴产业，我们应该看到网络游戏存在的意义，网络游戏还会带动很多相关产业，比如IT产业等，这有利于丰富和活跃社会主义市场经济的经济形式。另外，作为一种新兴的文化产业，网络游戏给人们带来了丰富的精神文化享受，是除了传统娱乐外的又一个积聚人气的现代大众化娱乐方式。

网络游戏也是一种娱乐方式，和看电影、看书没有本质区别，在游戏中一次次通关打怪，一次次胜利升级会给我们带来很大的快乐和成就感，哪怕遇到失败，我们也有从头再来的机会。现在很多游戏的设计确实寓教于乐，不仅锻炼孩子解决问题的能力，还让孩子学会了团队合作。

老师可以和小明及其父母探讨，让他们明白网络游戏只是人们娱乐、消遣的一种方式而已，而且开发出来的游戏，它的目标用户大多并非中小学生，它主要是针对成年人的，很多游戏都是有年龄限制的，它并不适合所有年龄段的用户，小明不加选择的玩网络游戏，容易陷进去，耗时越来越多，最终荒废学业。中小学生的自我控制力不强，一旦玩网络游戏，很容易上瘾，与现实社会脱节。

老师还可以和小明及其父母探讨，大家的目的是防止网络游戏影响到小明正常的生活、学习和工作，提醒小明不能陷在游戏的角色中。游戏中的"装备""能力"毕竟是虚幻的，它里面的关卡毕竟不能在现实中体现出来。

小明要想健康地玩网络游戏，以下有几条建议：

（1）控制游戏类型。有的游戏是需要花费大量时间的，那样的游戏千万不要触碰。因为玩家很难及时从游戏中抽离出来。小明可以玩那些短小的益智类小游戏，容易掌控时间。

（2）摆正游戏心态。小明要正视游戏的主要功能，只是自己的业余消遣，不是学习任务，用休闲玩家的身份去玩，不在意胜负，不在意进度，不投入金钱。

（3）保证作息时间。玩游戏要有个度，这个度就体现在时间上。小明可以和家长商量，在规定的时间段内适度地玩一会，不能影响到自己的生活、学习习惯。长时间的游戏，势必会影响小明的身心健康。老师和家长要提醒小明不能通宵熬夜玩游戏，平衡好网络游戏和现实生活的关系，适度网游，健康生活。

怎样进行选科?

新学期开始,高二的学生小A面临升学选科的问题。她一头雾水,不知该如何抉择?在新高考"6选3"的要求下,选科该优先考虑兴趣,还是以成绩为重?选哪几门科目更适合自己,对自己更有利?选科非常重要,它直接关系到读大学能够填报哪些专业,以及未来的就业方向。因此,小A很犹豫、很纠结,不知道如何做选择。当看到自己的好朋友已经选好了科目,而自己却一筹莫展,踌躇不前,小A更是苦恼。

新高考如果采取"6选3"或者其他模式,如何选择才能覆盖大学更多的专业,同时又能在竞争中更有优势?兴趣优先,还是成绩为重?事实上,高考选科是个比较复杂的过程,但没有绝对的标准答案。

老师建议小A同学在选科时可以综合以下几点来考虑:

第一,是关注、了解各个高校在本省份的招生政策,初步了解大学专业设置及选科科目要求。不同的专业有不同的选科要求,同一专业不同学校选科要求也不同,学生只有了解并选择了适应高校专业限定的科目,在填报志愿的时候才能成功填报。当然,高校公布选科科目的要求也并不意味着一定有招生计划。因此,研究高校招生政策的时候,在综合考虑所选的科目未来可填报的高校专业时，也要关注实际投放的招生计划和人数。这些信息都可以通过关注高校官方公众号、校园官网进行了解。

第二，是选择优势科目。优势科目主要根据小A自己的各科成绩来确定。成绩是选择最重要的依据之一，把自己的各科成绩作横向和纵向的分析比较，看清楚自己哪科更具竞争力，就很容易得出特长学科。

第三，是个人的兴趣爱好。普通心理学研究显示，兴趣是个人秉性和思维模式的体现。研究表明：感兴趣的事情，能发挥80%～90%的潜能，同时也会得到80%～90%的回报，不感兴趣的事情，投入和得到都会偏少。小A可以遵循职业兴趣，把自己放到合适的位置上，会起到事半功倍的效果。所以，个人喜欢哪个学科非常重要。

第四，是个人的天赋能力。个体在努力程度相当的情况下，学习成绩较好的学科可能就是自己的潜力和特长所在，而对于收效甚微的学科，则表明该个体很可能缺乏学习的优势和潜力。小A可以结合自己的实际情况，寻找优势和劣势。小A在选科的过程中，根据实际成绩分析，看自己擅长什么，关注个人的天赋能力，这样才能取得理想的成绩。

第五，是个人的性格偏好。人们的性格各有特色：有外向型、善于言谈，这种学生人际交往能力比较强；有内向型，忠厚老实，喜欢独立思考；有喜欢挑战性工作的，也有喜欢安定平稳生活的。当然每种性格都有两面性：热情、善谈可能会稳重不足，忠厚、脾气好容易没主见……所以要分析自己的性格，就要看看自己到底具备哪一些优势和劣势。小A可以根据自己的性格，选择与自己的理想接近的学科，对这些学科的学习将起促进作用。性格没有好坏之分，却有对专业的适合度，找到适合自己性格的专业会让自己的未来学习之路更加平坦，学习起来就会更积极，更主动，学习成绩也就可能更出色。

小A还可以找学校的职业生涯咨询老师进行专门的咨询，与职业生涯咨询老师面对面探讨个人擅长的领域和本人的兴趣爱好所在，从而选出优势能力，再按照个人性格偏好来选择专业，之后可根据确定的专业选择相应课程和科目。

77. 怎样开展生涯访谈？

当很多同学被问到未来的职业规划是什么的时候，小玲同学坚定地表示要做一名"白衣天使"。生活中，小玲看到了众多白衣天使的默默守护和奉献，为人们筑起了一道道保护墙，她也想以同样的方式去守护自己的下一代。但当被问到成为一名"白衣天使"要做出什么样的努力，需要具备哪些基本技能的时候，小玲却很茫然，不知道该怎么办才好。

了解职业生涯，可以先从生涯访谈开始。老师建议小玲的生涯访谈可以通过与职场人士（通常是自己感兴趣、比较关注的职业从业者）会谈，从而获取关于该行业、职业和具体单位的信息。通过访谈，了解职业、岗位的真实信息和情况，如：该职业的入职标准、核心素质要求、升职路径和职工工作待遇和价值观，等等。小玲进而根据这些信息判断你是否真的对该工作感兴趣，此外还能正确认识到自身的优势和不足，从而制订更合理的学习目标和计划。老师建议的访谈步骤如下：[1]

1　肖素芳.职业体验对职业生涯规划的导向作用研究［J］.科技资讯，2020（32）：209-210，213.

（1）认识和了解自己。小玲通过自我评价和他人评价来了解和认识自己的兴趣爱好、性格、能力和职业价值观等，必要时也可以借助专业的测评软件（如霍兰德职业倾向测试、职业能力测量表、MBTI人格测试等）进行了解。

（2）确定访谈对象。小玲结合自己的兴趣爱好和老师、家长一起探讨，列出想要了解的职业和工作，然后在选定的职业领域寻找在职人士作为生涯人物。生涯人物可以是自己主动联系的职场人士，如亲人、朋友，也可以是学校生涯活动、生涯教育社团或者生涯导师们推荐的其他人。老师建议小玲至少采访三位以上的生涯人物，这样可以更深入、客观地了解一个职业，并且避免受生涯人物主观偏见的影响。小玲在选择生涯人物的工作年限上，可以既有初入职场的人士，也有工作了一定年限的中高层人士，这样可以更好地了解自己向往职业的发展方向。[1]

（3）了解访谈信息。小玲在确定要采访的生涯人物后，要提前了解生涯人物的基本信息，做好采访前的准备工作。

（4）拟订采访提纲。小玲在了解过生涯人物的基本信息后，要根据这些信息，以及生涯访谈目标设计访谈问题。对生涯人物的访谈可以围绕以下内容进行：行业、单位名称、职业（职位）、工作的性质类型；生涯访谈内容提纲、职业工作地点、职业任职要求、市场前景、职业工作前景、工作强度、工资福利、职工满意度等。[2]

（5）实施采访。小玲访谈的预约方式有：写信、电话、短信、微信、电子邮件等，小玲预约时可以先介绍自己，然后说明采访的各项需求，以及进行采访所需要的时间（通常为30分钟左右）。小玲的访谈方式可以是面谈、书面访谈、电话访谈、网络访谈等。接下来，小玲就可以按照双方约定的方案开始访谈了。小玲与生涯人物沟通交流时，要乐于倾听，给生涯人物留出不断表达、尽心介绍的机会。小玲在访谈结束时，如果可以，请受访者再给自己推荐其他相关的生涯信息，这样小玲就可以不断拓展自己的职业生涯认知。

---

1 彭香霞.浅析生涯人物访谈在《职业生涯指导》课程中的应用［J］.职业时空，2012（08）：132-133，136.
2 李娜.职业生涯规划体验式教学研究［J］.太原城市职业技术学院学报，2014（9）：102-104.

（6）系统分析。在采访结束后，小玲可以把获得的内容与之前自己对该职业的认识进行比较，找出主观认识与现实之间的差异性，确定自己通过生涯访谈对该职业所需能力、知识与价值观等有了充分认识，形成书面总结报告，进而在老师、家长和朋友的帮助下详细制订未来的生涯规划。

78. 如何让青少年控烟控酒?

　　小李是一名高一的学生。起初他在班级里学业成绩中等,一学期后下降到班级倒数。据同学反映,小李在校外结识了一帮"哥们儿",他们会一起泡吧、抽烟、喝酒。小李从小父母离异,他和爷爷奶奶生活在一起,爸爸妈妈很少关心他的学习、生活,爷爷奶奶又很宠爱孙子,一切都由着孙子。小李觉得和"哥们儿"抽烟、喝酒很酷、很帅,慢慢地,小李的性格也变得很差,动不动就发脾气。

　　小李接触烟酒的原因可能有:
　　(1)好奇模仿心理。青春期的小李觉得自己不是小孩子了,同时对各种事物都充满了好奇,见校外的成年人"吞云吐雾",悠然自在的样子,自己也想要去尝试一下,体验一下。
　　(2)宣泄心理。小李的自我认识仍在发展中,对自己有很高的期待,面对高中阶段的学业压力,难免会遭受一些挫折,出现心理失衡,而烟酒似乎能满足小李宣泄情绪、消愁解闷的心理需要。
　　(3)反抗心理。青少年阶段的小李出现叛逆心理,对家长、老师的训斥不敢当面顶撞，就通过吸烟、喝酒来表达自己的抗拒。

（4）交往攀比心理。小李受校外成年人影响，认为吸烟、喝酒很时髦、潇洒，盲目追求，攀比。[1]

老师对小李如何远离烟酒的建议：

（1）营造良好的学习、生活氛围。老师、同学、家长要用温情去解除小李的心理症结，使之感受到学校、家庭的温暖，这对于帮助小李控烟控酒是很重要的。

（2）培养自信心。老师、同学和家长一起帮助小李不断丰富知识，从各方面提高他的能力；创造条件，使小李有充分表现自己的机会；小李自己的事情让他自己做，对小李做的事情给予及时、恰当的肯定，增强小李对自己的认识，从而使小李相信自己可以控烟控酒。

（3）提高分辨是非的能力。小李是非判断标准还很模糊，难免会受到不良言行的影响。老师和家长既不能听之任之，也不可羞辱、惩罚，要通过耐心的正面引导，让小李逐步认识到自己行为的对错，从而远离烟酒。

（4）找到问题解决的突破口。老师、同学、家长要帮助小李树立起戒烟、戒酒的决心和信心，可以循序渐进地帮助小李远离烟酒，必要时寻求专业人士帮助，保证小李的身心健康。

1　黄薇.浅析基于生涯人物访谈的大学生职业指导案例建设［J］.中小企业管理与科技（下旬刊），2011（09）：32.

79.

如何克服暴饮暴食?

小慧最近一段时间常常饮食无节制，会超出平常的食量吃很多东西，明明已经吃得很饱了，却总觉得还没吃够，停不下来。吃完之后，不仅身体会很不舒服，还特别后悔自己为什么要吃，为什么管不住嘴，担心长胖。小慧体重明显上升以后，她又因为变胖陷入了新的烦恼。小慧也不想这样，但又控制不了。

小慧的这种失去原有的进食规律，没有节制、超负荷地大吃大喝的情况属于暴饮暴食。出现这样的情况，可能与小慧的身体状态和心理状态都密切相关。

暴饮暴食是一种生理现象。如果吃了很多东西，小慧还是没有饱足感，等到有饱足感的时候发现已经吃过量了。从生理上来说，小慧可能有胃肠功能紊乱的情况，老师建议小慧可以在家长的陪同下去医院或专业机构咨询。

暴饮暴食也是一种心理补偿现象，心理补偿可能出于对自我的一种调节，当小慧在感到内心烦躁、伤心、孤独、恐惧、无助等情绪的时候，如果得不到疏解和情感支持，可能就会通过买东西、吃食物等，来填补自己内心的空虚。小慧在大量进食之后，心理上会出现短暂的放松，这种感觉让小慧感到特别享受，就会出现暴饮暴食。

小慧出现暴饮暴食的情况，首先不要过于紧张和担忧，甚至去自责，也不要刻意控制自己不去吃饭。遇到这种情况，小慧可以顺应自己的想法，饿了就去吃饭，吃到八分饱就不吃了，也可以定时定量，有规律地进食。

小慧也可以去想想，最近发生的哪些事情让自己烦恼、烦躁，甚至愤怒、生气；这段时间是不是内心压力有些大，睡眠不足，熬夜太多了；或者与亲人、朋友发生争吵，没有处理好人际关系，内心有些郁闷和焦虑；又或者是感觉非常孤独，很无聊。以上这些状态都可能导致小慧出现暴饮暴食现象。人对食物的需求是有一个度的，贪吃的背后可能关联着未解决的问题。小慧如果在家长、师友的帮助下找到这些未解决的问题，意识到这些问题导致的情绪是贪吃的根源的时候，会很自然地慢慢走出困局。

小慧还可以做些事情让自己得到一种满足感和充盈感的。比如：全身心地投入去画画、听歌、练字，或者去跑跑步，出一身汗，去和同伴聊天、玩耍……可以尝试去做做这些事情，感受一下做了这些事情之后，内心的感受会有什么变化。当小慧通过做其他事情获得这种满足感和充盈感后，也可以减少暴饮暴食。

小慧还可以给自己设定每天的进食目标，并进行记录，达到目标，进行自我奖励，来帮助自己改善暴饮暴食。

小慧除了改善暴饮暴食状态外，饮食营养均衡方面也需要加以重视。小慧可以选择多样化的食物，多吃蔬菜、水果和薯类，每天补充奶类、大豆或豆类制品，吃适量的鱼、禽、蛋和瘦肉，少吃油炸食品，所吃食物所含营养素要齐全、比例适当，以满足人体需要。要让小慧明白，合理膳食是增强免疫力的有效途径，通过自己身心的不断调节，成为真正的"美食达人"。

如何激发孩子的上进心?

小明是一名初中学生,每当小明考试不理想时,父母问及小明为什么不细心一点,小明往往会反驳说:"我没怎么学,还能考这样,我同桌天天学,也才比我高几分,有时还不如我!"小明在学习上不和比自己好的同学比,只和比自己差的同学比。那么,我们该如何看待小明现在的学习状态?

上进心指奋发向上、积极进取之心。上进心是学生勇于开拓、不断前进的内在动力;是学生坚持理想、追求作为的思想信念。那如何鼓励小明拥有上进心呢? [1]

首先,建议小明多和拥有上进心的同学在一起。小明容易受到周围的人和事物的干扰,因此小明多和有上进心的人在一起,这样小明也能和他们一样一直保持着上进的姿态。

其次,建议小明不断探索,看自己喜欢把时间花在哪里,知道自己想要什么,也可以多关注自己感兴趣的事情,看哪些能为自己产生收获和价值,比如

---

1 钟志.浅谈如何激发学生的上进心〔J〕.中学生导报:教学研究,2013(13):12.

运动、读书等。小明若能不断探索，与自我对话，进行自我分析，就能找到自己的发展方向。

再者，确定目标。小明制订的目标要是具体、可衡量、可实现、合理并且有时间限制的。小明需要把目标拆解成一个个任务，把任务结果看成能实现目标的过程。小明有了具体的规划和任务，就可以开始执行了。

著名的时间管理大师戴维·艾伦在他的著作《尽管去做》里提出了一套"移动硬盘式"的任务管理方法——GTD（Getting things done），它的秘诀是把所有待办任务都从大脑里移出去，清空大脑，在外部管理任务，把大脑的全部带宽都用来思考，而又不会遗漏任何一件事。GTD可以分四个步骤：收集，把任务从你的大脑中清空；整理，把任务从你的收件箱里清空；执行，就是把任务逐个完成；回顾，需要定期对所有任务进行一次回顾，看看收件箱里有没有未处理的任务，待完成的任务是否需要调整。

最后，严格要求自己。小明在做事的时候，遇到不会的事情，要坚持做下去，不要轻言放弃。小明要多向同学学习，学习别人的优点，改正自己的缺点，不断进步，不断充实自我。

同时，老师也给父母一些建议：

（1）赞赏孩子。让小明体会进步的收获。小明父母对于孩子取得的成就，要不吝赞赏，这样有助于小明形成上进心，更想要去努力，去做更好的自己。

（2）相信孩子。小明父母不要在不经意间打压孩子的自信心，了解孩子的内心想法、需求，把孩子放到与自己平等的位置上。当孩子遇见事时由孩子自己拿方案，家长做好参谋即可，孩子遇到问题就会有主见。

孩子只有从家长那边获得爱、尊重和理解，才能不断激发孩子的上进心。

如何保持乐观心态？

小亮同学从普通初中升入了寄宿制重点高中，这里的同学们都很优秀，所以他不敢怠慢，除了吃饭、睡觉，都在教室里学习，而且学到很晚，但是考试成绩仍不理想。为此小亮更加努力，也很积极地向优秀的同学和老师请教难题，但是成绩依然上不去，甚至还有下滑的趋势，为此他更加着急、苦恼，不明白为什么自己已经很努力了，成绩还是不理想？小亮陷入深深的迷茫中。

乐观是一种阳光的人生态度，乐观是精神愉快，积极向上，对事物的发展充满信心。从心理学的角度来说，乐观可以是一种归因模式，即用个体的、持久的、普遍的原因来积极解释事件，而不是用外部的、暂时的、与环境关联的原因来消极解释事件。

"人生不如意之事，十之八九"，人的一生中免不了失意和困惑，对于这种种不尽如人意的事情，小亮同学如果不及时去梳理，就会陷入心理困境之中。此时，外界的帮助固然很重要，但是最关键的是小亮要靠自己保持乐观的心境。乐观的心境、乐观的情绪，能使自己忘记烦恼，把不愉快的事情抛诸

188

脑后。[1]

具体建议如下：

（1）换个角度思考。建议小亮同学换个角度思考问题，不同的角度会有不一样的风景。从不同的角度来看待问题，并对它做出新的理解，以求跳出固有想法的局限，使自己的心情获得放松，思想得以解放，以便把自己的注意力转移到自己所努力奋斗的目标上来。[2]

（2）学会全面看待问题。小亮总觉得谁都比自己强，其实，事情并不真是这样的，也许小亮在某方面是不突出，但小亮在其他许多方面依然是很优秀的。

（3）要保持一颗快乐的心。小亮要学会微笑。"积极心理学之父"马丁·塞利格曼曾说过：快乐的人很少感到孤单。微笑是世界上最美的表情，它能传递感情，促进沟通，增进友谊，获取慰藉，建立乐观的心态。在生活中，如果经常微笑，小亮就会感到自信、美好。

（4）学会积极的自我暗示。在不开心或烦恼来临时，小亮要给予自己积极暗示，告诉自己这只是人生道路上的一个小坎坷，或许也是考验自己意志的一次机会。现在悲观、消极，甚至哭泣都不能解决问题，所以只有尽自己所能去思考一个好方法来解决它。这样的暗示能帮助小亮从烦恼中解脱出来，从而专心地投入到解决方案中去。

1　袁莉敏，张宏宇，李健.乐观研究述评［J］.中国特殊教育，2006（08）：82-86.
2　刘慧琼.领导者的情绪智力与领导效能之关系研究［J］.中外企业家，2017（01）：68-69，96.

82.

怎样表达感激？

进入高中后，班主任为了提高班级成绩，让同学们结成"一对一"学习互助小组。小汪和小董被分在一组，小汪从小性格就内向，不善言辞，即使自己有困难，也不敢交流、请教。小董知道小汪的情况，主动提出要一起学习，并帮助小汪补习数学。经过一个月的学习，小汪在数学期中考试中竟然及格了。为此，小汪想向小董表示感谢，却又不知该如何表达。

感激是爱的表达，也是快乐的必要条件。如果我们对生命中所拥有的心怀感激，便能体会到人生的快乐，人间的温暖，以及人生的价值。感激不是炫耀，而是珍惜所拥有的，并在感激之中与他人分享成功的经验和果实。感激之心能使小汪积极行动，更加热爱学习和生活，创造性思维变得更加活跃；感激之心可以使小汪心胸更加宽广，更积极地投身到爱家人、爱同学的行动之中。生活中确实需要感激，不懂得感激，生活便会黯然失色，因此，我们要勇敢地表达自己的感激之情。[1]

1　晓嫒.与其抱怨不如感恩［M］.北京：应急管理出版社，2019：22.

生活中小汪可以用以下步骤表达感激：

（1）说明行为。小汪可以说清楚对方具体帮你做了什么事，以及对方是在什么情况下帮你做了这些事。在生活中，当对方关心鼓励小汪，当对方给小汪提供了某种帮助，当对方帮助小汪解决了某个问题时，都值得小汪表达感激。总之，表达感激的时候，小汪所表述的行为要具体，要让对方知道小汪了解和感激他的付出，例如：谢谢你用课余时间教我数学题目。

（2）讲清影响。说明对方帮你的这件事，为你解决了什么问题。小汪要明确告诉对方，因为他的帮忙，自己解决了什么问题。比如，小汪可以说自己感到被关心和照顾了；在对方的帮助下，自己解决了什么问题。说出自己解决的具体问题或者真实收获，对方可以真正了解到他的帮助对你非常有用，也能感觉到他的付出是值得的。

（3）分享感受。表达受到帮助并解决问题后的真实感受。小汪说完对方帮你解决的问题，再分享一下自己的内心感受，会大大增加彼此的亲密度。比如小汪可以说："本来我特别焦虑，还好有你帮忙，帮我分担了很大的压力！"当小汪不知道怎样表达自己的感受时，可以试试"因为你，我怎么样"的表达法，可以直接用来表达内心感受。例如你感到放松了可以说，"因为你的关心和安慰，我心情好了很多，谢谢！"

（4）投桃报李。表示出当对方有需要的话，你也愿意尽力帮忙。表达感谢的最后一步，说出你也能为对方做什么。要说明白自己能做什么，一定要是真正能为对方做到的。比如，"如果下次你英语作业有什么不懂的，可以问我，我一定尽力帮忙"。

真诚地表达感谢，不是谄媚地巴结别人，也不是把感谢藏在心里。小汪可以尝试用以上四个步骤来表达感激，不要只单纯说一声"谢谢"，而是要用心留意对方为自己做了什么，真诚地感谢对方。这个方法并不难，关键在于能在平时多用心去发现别人对你的善意。

83. 如何积极应对困难?

数学期末考试开始了,小李同学瞥了一眼第一题,发现特别难。他想到考试前和同学们的谈话,有人说如果考试第一道题很难,就说明整张考卷都很难,因此他变得十分不安。他在第一题上花了很多时间,最后也没有答出来,考试结束时,他还有好多题没有写完。为此,小李同学非常苦恼,为这次考试结果忧心忡忡。

积极应对指的是个体通过认知调控或是行为努力来适应周围对自己不利的环境,从而达到掌控周围环境,减少消极情绪的目的。它可以分为情绪指向应对和问题指向应对。情绪指向应对指的是通过一定的方法来调节、管理情绪,从而增强个体积极情感体验;而后者问题指向应对是指通过实实在在的措施来解决问题。

我们在困难来临时可能不会立刻找到解决问题的办法,可以先通过一定的措施来缓解不安的情绪,从而能更理性地分析问题。老师建议小李同学可以通过积极认知应对策略和积极行为应对策略来解决自己的烦恼。

(1)积极认知应对策略。小李同学需要通过改变对周围事物的看法,通过积极评价来改善自身的不良情绪和不利处境。小李同学在面对负向情绪时，如果越是压抑和否认，就越是容易被它们支配，影响自己的生活和学习。小李同学不要过度自责和遗憾，使自己陷于情绪低落的恶性循环，要看见自己的情绪并做到理解和接纳。同时要看到事物的两面性，就像《西游记》中唐僧师徒经历千辛万苦才取经成功，小李也一样可以从这次考试不利中调节身心，积极应对。小李虽然不能完全控制考试失利等生活、学习中的变化和挑战，但是可以控制自己的态度，积极乐观的态度可以让自己更好地面对挫折和压力，调整心态，增强心理韧性。

（2）积极行为应对策略。小李同学可以从逐步调整作息、准备学习用品、复习老师授课时讲过的知识点、做好知识梳理开始为后面的考试做好充分准备。小李同学在考试受挫，以及在日常的生活中不开心时，可以通过体育运动或是一些肌肉放松法来改善自己的不良情绪。体育运动是一种可以使自己放松的便捷措施，比如跑步、游泳、滑冰或是一些球类运动，都可以帮自己放松。建议小李同学每天锻炼一小时，使自己精力更充沛，同时让疲劳、烦恼减少。小李同学还要与家人、朋友和同学建立良好的关系，建立互相理解和支持的社交网络，这样可以给自己带来更多的情感支持和社会认同，提高生活质量和幸福感。

积极应对不仅指认知上的积极应对，行动上也是如此。如果小李同学每天只是坐在椅子上去思考这些事情，即使情绪暂时舒缓，而问题没有最终解决。"积极的想"和"积极的做"相结合才可以帮助小李同学积极的应对。

84.

怎样学会原谅？

　　小A和小B是好朋友。体育课上，小A和小B在练习羽毛球双打。当羽毛球飞过来的时候，两人同时想接住球。一不小心，小A的球拍打到了小B的眼睛。体育老师立即就把小B同学送到了医务室。小A同学站在旁边不知所措，也不敢跟去医务室，只是偷偷打听小A伤得严不严重。小B同学的眼睛虽说没有伤得特别严重，但她觉得痛得不行。当她发现小A全程都没有关心一下自己，仿佛消失了一样，本来就不舒服的她心里更气了，觉得小A不配做自己的朋友。

　　小B和小A是好朋友，小B同学生气是难免的，她也想原谅小A，却不知如何释然。小B同学已经坦然接受小A不小心伤到她的事情。研究表明，原谅程度越高时，人们也拥有更好的健康习惯和更低的焦虑、抑郁水平。

　　罗伯特·恩瑞特博士是研究原谅问题的专家，他提出了原谅的八个步骤，其中的一些方法小B同学可以尝试做一下。[1]

1　简单心理Uni.你也有一个永远无法原谅的人么？｜原谅的7个原则和8个步骤［EB/OL］.https://www.sohu.com/a/276023925_651254，2018-11-16/2023-07-17.

比如小B同学可以列一个曾经伤害过自己的人的清单，入选标准是自己需要付出很大努力才能做到原谅他们，小B同学可以问问自己，从1—10，我因为这个人受到了多大的伤害？1为严重程度最轻（但仍然严重到需要努力去原谅），10为最重。回想这个人对自己做过的一件事，允许自己在回忆时感受到消极的情绪。准备好时，再做出原谅的决定，刻意减少对小A的怨恨，并以宽容、善良、尊重，甚至爱来替代。理解小A做出伤害行为的原因，帮助自己更好地避免伤痛重演，等等。

老师建议小B同学要向前看，积极地面向未来。小B同学可以试着站在对方的角度想一想，或许小A同学只是无意犯了这个错误，并没有想要伤害自己的意思。如果小B同学愿意接受小A的道歉，就会发觉原来原谅别人不仅是对别人的宽恕，而且也能让自己追求更加美好的生活。如果小B同学拥有这样的心态，生活会过得更加轻松、坦然。如果小B同学老是在一件事情上纠结和徘徊的话，会失去更多东西，老师建议小B不要为了那件事而浪费自己很多的时间和精力，有时除了一些是非对错非常明显的、原则性的人和事，其他的可以尝试去原谅。

如何培养好奇心？

爱因斯坦曾经说过："永远保持好奇心的人是永远进步的人。"好奇心能够捕获孩子的注意力和想象力，孩子在好奇心中能够学到很多的知识。然而，小强的妈妈总是害怕小强受伤或者把身上弄脏，于是限制孩子爬高、玩沙……久而久之，小强就失去了探索的兴趣。到底该如何引导孩子的好奇心呢？

心理学认为：好奇心是个体遇到新奇事物或处在新的外界条件下所产生的注意、操作、提问的心理倾向。好奇心是个体学习的内在动机之一，是个体寻求知识的动力，是创造性人才的重要特征。

培养小强的好奇心可以从以下几点出发：

首先，从平凡的生活中观察到有趣的事情。小强可以观察一下周围自己平常不怎么关注的事，激发好奇心。

其次，要多读书，多思考。保持独立思考，那么小强的好奇心会变得更加敏锐。而独立思考是需要前提的，那就是多读书，通过书和先贤交流，用知识来引导好奇心。

再者，创设有效的学习环境。小强可以在老师、家长的帮助下组成学生"学习共同体"，创设积极的心理环境，提供积极的情感支持。例如：同学共同学习时的练习、讲述、相互鼓励、共同答疑解惑等言语行为和非言语行为都会对小强的探索活动产生积极影响。在这样的互动交流中，小强会更多体会到宽容、陪伴、信任与勇气，更能产生好奇心与探索行为，提高自己的好奇心水平。

最后，实施有效的策略。好奇心是一种内在动机，主要由外界刺激物的新异性所唤醒。好奇心也反映了个体的认知需要，主要由外界刺激物与预期的不一致所唤醒，这种唤醒具有情感的力量。好奇心既具有认知性特征，又具有情感性特征。为此，老师提出了促进小强好奇心发展的三种策略：好奇陷阱策略、心理匹配策略和开启问题箱策略。

好奇陷阱策略实施的基本步骤如下：第一步，设计活动，活动内容要超出小强预期。第二步，引起小强的认知冲突。第三步，创造条件，支持解决冲突。

心理匹配策略[1]：引导小强主动参加系列活动，这些活动是贴近小强生活经验与知识基础的，帮助小强有效调节自己的心理倾向。

开启问题箱策略：是通过创设问题情境，让小强和同学们在老师、家长的指导下发现问题，通过讨论、实验或头脑风暴等方式主动探索。

1　解一丹.利用好奇心支持性策略，激发智障学生的学习积极性［J］.小学教学研究，2019（03）：89-91.

如何面对生活中的挑战？

　　每个人的一生中都会面临大大小小的挑战，在不断"打怪升级"中成长。小芳这段时间由于学习比较吃力，总是熬夜，然而，成绩还是不理想。小芳面对各种挑战时，会有很多的不确定性，甚至会产生恐惧感。

　　建议小芳可以参考如下做法：

　　第一步：平静思绪，接受挑战。小芳克服问题的第一步是承认自己有问题需要解决。小芳接受的挑战是真实的，并且将不得不面对它，出现无助、愤怒、担忧或悲伤的情绪，都是很正常的。出现这些情绪时，小芳试着让自己冷静下来——"拳头硬了"就放松它：试试将一只手放在胸前，另一只手放在额头，缓缓地做几组深呼吸，把注意力集中在呼吸上。如果这些思绪仍在你的脑海中盘旋，就把它们想象成一片云朵吧，从你眼前掠过，最终飘出地平线，从视野中消失。内心平静的你，才能更好地"拿捏"好自己的思绪。

　　第二步：冷静思考，合理归因。发生了不好的事情，我们往往会责怪自己或他人：我搞砸了，是她逼我的；是他先挑事的；我控制不了；你从来不听我的；他们不理解我。但是，纠结于错误在谁，不仅不能解决问题，反而会让自己更难受。小芳可以专注于自己能够改变的事情，努力让事情往好的方向发展。想一想有哪些地方需要改变，自己能做些什么，或者需要哪些支持。

第三步：提出解决方案，积极尝试。小芳想一想摆在自己面前的问题，然后列出能想到的解决办法，越多越好，也可以用纸和笔来记录。在这个过程中，小芳可能会产生不切实际的想法，也可能提出切实可行的解决方案。接下来，小芳要思考这些办法分别会带来哪些积极影响或消极的后果，哪种办法最容易实现，并积极去尝试最好的解决方案。在执行的过程中，小芳想想哪些方面做得好，哪些方面进展不顺利。有时还要多尝试几种方法，要根据实际情况及时调整方案，然后再继续尝试。

第四步：随机应变，接受失败。不管小芳面临什么样的挑战，灵活的态度会帮助自己更好地面对挑战，如果失败了，也要学会从失败中汲取经验。失败是成功的一部分，失败后不要气馁，而是要从失败中总结经验，让自己变得更加强大。

当然，在必要的时候小芳也可以寻求自己信任的人或专业人士的帮助，可以通过沟通、交流的方式，也可以查阅各种资料。

总之，面对挑战，拥抱改变是很重要的，小芳唯有接受挑战，坚持不懈，并从失败中汲取经验，才能让自己变得更加优秀，更加强大，去攀登更高的山峰。

如何培养毅力?

　　小陈同学想要好好学习，每天回家能按时完成老师布置的作业，可他常常管不住自己，学不了多久就开始玩手机、iPad。每天晚上睡觉前他都会很愧疚，觉得今天的时间又浪费了。于是，他开始写计划书，详尽到几点到几点之间要做些什么任务，可坚持了两天又放弃了。为此，他开始反思：培养毅力非常重要！那么，小陈该如何培养毅力呢？

　　毅力也叫作意志力，是人们为达到预定的目标而自觉克服困难、努力实现的一种意志、品质。老师建议小陈培养毅力可以从以下几个方面做起：

　　第一，坚定的信心能帮助培养毅力。小陈可以培养自己完成某项任务或功课的信心，如果信心不足，遇到困难和阻抗，就很容易停止向前，甚至后退。

　　第二，强烈的动机，产生毅力。动机是人们行动的出发点，一切活动都发源于动机。如果小陈有强烈的动机，就能抵挡学习生活中的波折。[1]

　　第三，明确的目标，有助于产生顽强的毅力。小陈目标明确，行动才会有方向，目标才会产生强大而又稳定的吸引力。

1　周海宏.如何培养自信心与抗挫折能力［J］.音乐生活，2019（11）：59-63.

第四，自我奖励。有些任务很艰难，需要大量的付出，这时候，小陈就要通过一些外部奖励鼓舞自己，如小陈可以在完成任务之后去吃顿美食，或者是控制饮食成功之后给自己买个礼物。

第五，及时激励。小陈做事情的时候，一开始干劲十足，从中期开始泄气，之后很容易偃旗息鼓。那怎样应对这种情况呢？首先，小陈可以把目标分解成更小的子目标，比如，把学期目标分解成月目标，就不容易"三天打鱼，两天晒网"。其次，小陈可以将关注重点，从已经完成的部分，转移到还没完成的部分。有研究发现，这种关注点的转变可以增加人们的动力。比如，小陈要做40道数学题，在他做了不到20题的时候，提醒他已经完成了多少，更容易让他有动力；而当他练习过半，已经做完超过20题的时候，让他想想还剩多少没做，这样更能激励他完成任务。

第六，树立榜样。人是社会性动物，他人的行为也会对我们造成影响。小陈怎样从优秀的人那里获得激励呢？小陈不要被动地做一个旁观者，可以和这些效率很高的同学讨论他们的目标是什么，以及他们是怎么完成目标的。研究表明，人们更有可能因为朋友推荐而购买一款产品。但如果他们只是听说朋友买了某个产品，则不容易心动。因此，倾听榜样对目标的讨论，能提升自己的眼界，帮自己找到更多的同行者。

最后，积极行动。小陈需要培养自己主动学习、积极学习的习惯，每一天的行动都是为了将来做准备，克服消极的心理因素，就可以培养毅力。

如何使生活变得有意义？

最近遇到的一些事情让小亮觉得很无奈：考试成绩出来了，没有达到自己想要的目标；班级推荐小亮参加演讲比赛，自己很努力地准备了，结果却没有获得好的名次；两个和他从小到大关系非常要好的同学闹矛盾，自己尽力想让他俩和好如初，结果两人都认为小亮在劝偏架……小亮面对这些觉得很烦，希望自己的学习、生活更有意义些。

小亮遇到这些烦心的事情和挫折，心里堵得慌，容易心烦意乱、暴躁、发脾气，短时间失去理智，甚至做出非理性的行为。老师和家长可以给小亮一些建议，让小亮明白生活中的烦心事和挫折都是我们提高意志品格和心理承受能力的好机会，都可以成为让我们变得更强大的人生经历。

当小亮遇到这些时，不要立即做出非理性的决定和行为，自己可以先跑几圈，累了就闭上眼睛，深呼吸，让自己的身心放松、愉悦。

接着，小亮可以眺望远方，看看小草和树木，它们经历过严寒酷暑和狂风暴雨，而此刻仍然坚强地站在我们面前，引导小亮感受顽强的生命力量，鼓励小亮不断在心里呼唤"我会强大""我是最棒的""若见奇景，必历经辛苦攀登顶峰""境由心造，事在人为"……多回忆一些曾经的美好，多体会一些他人的关爱，哭出来，喊出来，让自己回归理性。

然后，小亮要寻找资源，积极应对解决。老师要让小亮明白自己不是一个人，有爱他的爸妈，有关心他的老师，有帮助他的同学，还有书本和网络上的资源……此时，小亮可以理性地想一想怎样积极面对这些烦恼和挫折，怎样最优处理。

例如：上课时，老师把考试试卷发了下来，小亮成绩不是太好，此时小亮可以先听老师讲解试卷，分析问题到底出在哪里。其实考得好的同学可能并不比自己聪明或者能力更强，而是很可能比自己的学习效率更高，考前复习更到位，做题更认真、仔细或学习方法更有效。同时，小亮还要用心分析自己哪些方面还不够强，可以通过认真反思，有针对性地改进，努力做得更好。要看到自己和别人的差距到底在哪里，目的不是跟别人比成绩，而是为了提升自己的能力。相信自己，只要找准问题，用对的方法持续努力，一定会不断的进步。

小亮也可以与老师进行交流，让老师提一些建议，同时，把自己的想法与家长进行沟通，赢得他们的理解。只要我们及时调整好情绪，总结好方法，这样可以让自己增添信心，让生活更有意义。

使生活变得有意义的小技巧还有很多。比如，小亮主动做些力所能及的事情，在家里给长辈每人倒一杯水，倒水的过程中注意水温，动作轻柔，让家人感受到自己的孝心。小亮可以从一些小细节做起，让大家感受到自己的好品德，好修养，小亮的生活意义自然而然就体现出来了。

小亮还可以通过学习的方法体验生命的可贵。首先，在身体训练中培养自己的意志力。健康是生命的保障，通过锻炼身体促进身心健康、培养意志力。其次，在付出体验中培养社会责任感。小亮可以分担家庭中的部分任务；在学校，小亮可以在接收知识的同时，参与社会服务活动，在互助中知道"人"字相互支撑的道理。

无论遇到什么烦心的事和挫折，只要我们及时调整好心态，所有的事情都会有解决之道，我们的人生将更加精彩，我们的心理承受能力将会更强大，我们的生活将会更有意义。

89. 怎样拥有梦想?

晓平是一名重点高中的学生,他觉得自己成绩、相貌平平,努力了很久学习也不见进步。周围人都那么努力、优秀,自己门门科目学习都中等,"小三门"该选什么呢?看着密密麻麻的入学院校和专业,都不知如何下手,也不知道自己想要到什么院校,学习什么专业,感觉过一天是一天。晓平不知道自己的梦想是什么,要怎样才能拥有梦想、实现梦想。

小时候我们可能会说"我想要当科学家""我想要开飞机""我想要当医生"……后来逐渐长大,我们发现这些梦想不是那么容易实现的,需要付出很多。现实中充满了各种需要学习的科目,以及各种竞争和压力,我们忙于埋头苦读,忘记了我们曾经也有过梦想,只记得脚踏实地的读书、学习,忘记了梦想和未来。作家林语堂在《论梦想》中提到,"梦想无论怎样模糊,总潜伏在我们心底,使我们的心境永远得不到宁静,直到这些梦想成为事实才止;像种子在地上一样,一定要萌芽滋长,伸出地面来寻找阳光。"可见,我们每个人的内心深处都有梦想,可能因为忙于奔波学习和生活而让梦想蒙灰。老师建议晓平静下来,找到自己的梦想,找到追逐梦想的感觉。

首先,自我认识。根据美国心理学家爱利克·埃里克森的心理社会发展期理论，中学生处于"自我同一性"的矛盾时期。"我是谁""我在社会上应占什么样的地位""我将成为什么样的人"是经常困扰他们的问题。晓平唯有认清自己、接纳自己，发展出健康的自我概念，才能树立自信心，提升自我效能感，更好地激励自己前进，实现梦想。"木桶原理"中强调短板会影响木桶最终的承载量，过多让自己补短板，一直关注短板和缺点，使得晓平陷入难以提升自我的盲区，以及自卑、自责和懊悔的消极情绪中。"积极心理学之父"马丁·塞利格曼强调我们要关注自己的积极面，将自己的优势放大，扬长避短。老师要鼓励晓平不必做到每个方面都优秀，而是在一个方面或几个方面具有自己的长处，只有提升长处才能充分实现价值。晓平也需要全面分析自我，减少盲目地全盘否定和过度的社会比较，找到自己的优势，促进个体的优势学习和发展。

其次，树立目标。很多时候我们会认为高中学习的目的是为了上大学，而这单一目标甚至大大缩小了高中学习的目标范围，会使得很多同学缺乏动力，陷入迷茫。晓平要发现社会发展革新的多变性。因此，提升自己的思维能力非常重要，需要改变固有唯分数论或只关注学习成绩的错误思维，要在学习和学校活动中重视培养自己的软实力。当晓平扩大自己价值实现的范围，就会发现实现个人和社会价值有多种途径，从而可以选择多元的个人发展目标，不是单一地聚焦于上一所好大学。慢慢沉淀自我，静下心来，找到自己的目标，比如在学校生涯活动中，不论是生涯访谈还是文化游学，进企业参观或课堂活动，找到自己未来想要从事的行业或职业。即使不是非常具体的目标，只要有一个方向，就可以很好地指引我们前进和努力。梦想可以让我们在学习迷茫、倦怠、失落，压力很大、心烦意乱，成绩稳步不前时，激励我们砥砺前行、坚持不懈。

如何设计"职业探索单"?

学生时代的学业无法回避兴趣、选课、专业等话题。15岁的小沈进入了职业探索阶段,当被问到未来会考虑的职业方向时,他更多地表现出迷茫:"我还没想好""忙于学业、能力欠缺,我也不知道将来能干什么""以前想的不知道是否符合实际"。小沈也愿意尝试在职业体验中获得一些经验,希望未来的职业选择能够宽泛,只是学业繁忙,有时无暇顾及职业探索,希望得到专业指导。

职业探索是做好个人职业生涯规划的基础,是了解社会、走进社会的一扇小窗。高中阶段的职业探索是学生高中学习中非常重要的一部分。小沈希望进行各种可能的职业探索,但他不清楚自己以后想干什么、可以干什么、所想的职业是否符合自己的实际。没关系,小沈对未来迷茫和不确定之时,却是职业探索的最佳契机。年轻人有无限可能,可以多尝试和体验,在探索的基础上,随着个人对所选职业和自我的了解,自己的选择会不断变清晰和被重新界定。探索这一过程是非常有意义的,在这一过程中,小沈就慢慢做好了职业准备。

"职业探索单"是一个可视化的、具象化的东西,可以把你职业探索的思考过程、探索过程外显。如果小沈不清楚怎样设计,可以去查找资料,再根据自己的实际情况修改。小沈也可以DIY，用提问单、表格或思维导图的形式开始设计。如果小沈实在没有头绪的话，可以请教学校学生中心、生涯中心、心理咨询室的老师，或者自己的任课老师，得到他们的指导，并获得生涯、职业等相关信息。

列出自己感兴趣的职业是第一步。把自己想到的未来可以从事的，或者自己感兴趣的所有职业或行业全部列出来，不需要做选择，然后按心仪程度、实现的可能性等权重排个名次，就列出了职业清单。如果小沈能进一步列出自己感兴趣的、想为之工作的公司，那就更好了。此时小沈手上就有了一份清单，这份清单就是他自己绘制的职业蓝图的第一步。设计好表单之后，可以自己查找资料，通过网站、行业及公司微信公众号，搜索到合适内容。收集资料的过程就是一个了解自己，了解职业的过程。如果小沈身边有相应的资源，小沈可能会获得进行相关访谈的机会，这些资源包括自己的亲戚、朋友、校友，甚至自己关注的UP主、博主等。小沈关注的内容可以是：这个行业的具体信息、公司的运营和文化、岗位的具体要求、福利待遇等。当然老师建议小沈最好从身边认识的人开始找资源，这样的话更容易获得一个实地调查的机会，因为真实的职业状态和大家想象的往往出入很大，实地调查的体验会让自己感受更深刻、具体，挤掉一些想象的泡沫。

以下还有几条关于小沈职业探索单的建议：

第一，要和自我探索结合。因为职业探索其实包含了自我探索和外部探索两部分。在探索的时候除了列出职业发展趋势及对应的工作岗位内容、环境，也要凸显自己探索的部分，例如自己的优劣势、自我评价，来检验所关注的职业与自己的兴趣、能力、性格、价值观是否相吻合。

第二，职业探索单是一直要更新和丰富的。在职业探索中，不要停下脚步，小沈要敏锐地觉察这些信息，然后再把它们记录和梳理出来。

第三，在职业探索后，通过了解行业、职业的信息，小沈可以写出职业探索报告书，以便更了解社会现状，更好地进行自我评价，正视自己的优、劣势。小沈会发觉职业探索的价值所在，选择方向所在，学习动力所在，从而在不知不觉中获得改善和提高。

如何发掘兴趣?

一般来说，中学生正处于兴趣广泛期。小王同学原本也乐于尝试和探索各种感兴趣的活动，首先是听音乐、旅游、交友，然后就是吃、喝、玩、宅家睡觉。因为没法兼顾兴趣和学习，他还放弃了原本的一些兴趣。而现在他竟然找不到一件可以让自己投入热情的事情，经常觉得生活索然无味，对未来很迷茫。小王应该如何看待兴趣? 又该怎样发展兴趣呢?

首先，从了解自己开始。小王同学可以梳理一下自己最愿意上哪门课，最愿意做哪科的作业，到图书馆先借阅哪类图书，喜欢看哪些杂志，课余时间最喜爱干什么，最向往从事哪种职业，这些都是兴趣的表现。小王还可以回忆从小到大自己乐此不疲的活动体验，有没有自己可以专心致志做的事情、曾经废寝忘食的时候、感受过的忘我的状态等，这些都能促进自己对兴趣的了解。

其次，探索和了解兴趣的方法可以从爱好开始。小王可以邀请朋友一起分析、印证。小王可以用罗列法来分析兴趣产生的具体原因，真正了解自己的兴趣所在；也可以借助测量工具，例如霍兰德职业兴趣测评，根据测评报告结果的"兴趣六边形"，分析兴趣的集中分布领域，从而有针对性地发展自己的兴趣。

在生涯规划中，有一个关于兴趣的模型，叫作"兴趣金字塔"，它将兴趣分成不同级别：第一层叫感官兴趣；第二层叫作自觉兴趣，需要认知和思维的参与；兴趣金字塔的最高级别是志趣。小王的兴趣其实很多，一些不被家长看好的兴趣里面可能也有"宝藏"！

最后，不仅要了解兴趣，还要注重行动。小王同学重要的是从感觉兴趣出发，同时不停留于此，需要掌握与之相关的技能和能力，并和自己的价值观、志向相融合。而在这个过程中，不一定都是轻松、愉快的，因为兴趣的发展，需要不断地投入情感、时间，克服阻碍和困难，才能一步步把兴趣变大，变成能力，在现在或者将来合适阶段发展为志趣。

所以，小王可以不必为兴趣迷茫，只要对生活保持好奇心，小王一定能发掘自己的兴趣，并发展自己的兴趣。采取积极主动的态度行动起来，在自己的人生中找到心中的"火花"。

怎样培养能力？

当我们进行生涯规划时，光有兴趣不够，还要从能力出发进行选择。说到自己的能力时，小明迷茫了，他更多地关注的是自己最喜欢做什么，他分不清哪些事情属于兴趣，哪些属于能力？小明也想寻找心理测评，看看是否能评估出自己的能力。关于能力小明有许多不解之处。到底什么是能力？如何了解自己的能力？为什么自己"技不如人"？未来社会又需要哪些能力？而自己又如何锻炼能力，成为高手，来应对未来的职场和生活？

能力是指人们成功地完成某种活动所必须具备的个性心理特征，即能力是直接影响活动效率，使活动得以顺利进行的心理特征。关于小明如何了解能力，有如下建议：[1]

首先，理解相关能力理论。有专家指出，与个人的职业经历有关的技能，例如执行力、理解力、与他人的连接力、决断力等，是工作中较为重要的能力。此外，沟通能力、团队协作能力、情绪管理能力、创新思维和解决复杂问

1　叶奕乾，何存道，梁宁建.普通心理学［M］.上海：华东师范大学出版社，1997：586.

题的能力等非认知技能，也成为未来职场人越来越重要的核心竞争力。对于中学生小明来说，能力可以是自己过往在学习、生活中所表现出来的知识、技能和经验，等等。

我国著名生涯规划师古典认为，能力有三核：知识、技能、才干。知识需要生涯理论基础、多年积累的案例、大量的阅读；技能，包括写作能力、分析与综合能力、概念化能力、数据收集、沟通能力等；才干，既需要知识的积累、技能的进阶，也需要个人特质的灵感。据此，小明可以衡量一下自己的能力状态如何，也可以知晓哪些途径可以提升自己的能力。[1]

每个人都有各自的天赋，在某些领域中有些能力仿佛与生俱来。发展心理学家霍华德·加德纳提出"多元智力模型"，他把人的基本智力类型分为8种：语言智力、数学逻辑智力、空间智力、音乐智力、肢体运动智力、人际交往智力、自省智力、认识自然的智力。[2]根据加德纳的理论，小明在哪些方面有优势呢？优势的那些部分，往往是你擅长的，也就是优势能力，如果小明找到了，请善待并进一步发展它。

其次，了解兴趣与能力的异同。能力与兴趣有着本质的不同，小明可以从兴趣开始，了解自己的能力。第一，通过心理测评来定位自己的能力。相关的心理测评可以从心理老师或专业机构处获取，诸如社会适应能力测评、抗压能力测评、注意力测评等。第二，通过周围熟悉的人的反馈，例如父母、亲友，以及同学等对自己的评价，来定位自己的能力。第三，自我反省与调整。

仅仅从外在评价得到的反馈会有一些不合理的地方，小明需要从未来发展的角度出发，回答自己"最擅长做什么？"并不断在实践中提升自己。能力虽然和兴趣不同，却离不开兴趣的参与，兴趣让我们产生一定能力，而志趣已不仅仅是普遍意义上的兴趣，那是我们把感官兴趣通过学习变成能力、通过能力寻找平台获得价值、在众多价值中找到自己最有力量的一种生涯的管理技术。

最后，把资源变成能力。小明需要了解自己现有的能力，更重要的是把自己的资源变成能力。小明可以从兴趣出发，和价值观、志向相融合，不断地投入情感、时间，把兴趣变成能力。那么，兴趣中的哪一些值得发展呢？小明可以选择其中的一个或几个，作为后期学习的项目，发展成技能或能力。小明

1　古典.你的生命有什么可能［M］.长沙：湖南文艺出版社，2014：162.
2　王巧.论多元智力在高中英语教学中的基本应用［J］.旅游纵览（下半月），2013：261.

可以将对自己个人成长没有太大影响的项目暂时"删除"，需要去深挖和自己学习生涯发展密切相关的兴趣，做好相应的知识储备，训练能力，等待厚积薄发！

　　能力是持续发展的，小明的既有能力可以通过持续训练变成更强大的优势能力，个人的潜力也可以通过引导、激发而逐渐显现出来。小明既不必低估自己能力，也不要高估自己的能力。学生阶段各项能力可能都有局限，小明只有不断发展自己，才能把潜力慢慢变成能力。发现自己，打开未来世界的大门。

93. 如何完成"职业信息树"？

在职业准备中，小沈在认真收集职业信息时，会遇到一些具体问题：如何获得职业信息？哪些渠道能获得自己需要的信息？在这些海量信息中，哪些信息对自己是有用的？学习这么忙，为什么还要做"职业信息树"？

如今社会对人才的需求越来越高，而且在今天这个高速发展的时代，人们接收到的信息量也越来越大，且越来越复杂，因此，我们在学生时代就可以未雨绸缪，借助身边的资源，提前接触到自己喜欢的职业信息。只有对职业全面地了解，我们才能清晰地思考，进行生涯规划。

"职业信息树"是提前收集和分析相关职业生涯信息的方式之一，可以说职业信息的收集是每位职场人或未来职场人在生涯规划前的必修课，可以帮助学生了解职业的发展、需求及动态变化，从而做好职业生涯选择。

职业信息通常包括：职业机会的信息，如产业、行业相关信息；职业本身的信息，如职业的种类、作用等；具体就业单位的信息，如岗位内容、报酬等。而"职业信息树"其实就是一个相关的框架图，把以上信息直观地呈现出来。[1]

---

1 丁秀华.如何收集职业信息［J］.成才与就业，2020（12）：22.

职业信息收集得越全面、准确，那么以后个人与职业的匹配度就越高。在信息采集时，小沈不能只关注微观信息的采集，诸如只关注岗位、培训信息、工资等，也要关注宏观职业信息，即要对整体的行业走向、政策发展、市场前景、就业形势等加以分析。

那么，怎样完成"职业信息树"？

首先，是通过调查收集职业信息。小沈可通过网络、图书进行查阅，也可以通过研读最近颁布的一些政府及行业公报，以及各类人才招聘网获取；小沈也可以通过参观相关职业工作场所、实习或实践，了解行业工作状态，获得实实在在的职业感受；小沈还可以通过访谈、采访业内人士，来获取一手的职业信息，不断修正职业理想的偏差等。

其次，是归纳细分。小沈把职业信息收集好后，就要及时归类、筛选、整理。可以用思维导图，也就是树状结构去呈现。树状结构能够体现出社会分工不断细化，也能够方便小沈及时补充新信息。同时，小沈需要不断更新职业信息，因为社会关于职业生涯的信息变化发展很快。

再者，内容整合。小沈通过分类整理信息、补充收集信息、综合分析等找出最需要、最有用的内容等，完成自己的"职业信息树"；小沈还需要理解、加工，并做一些理性预测，在完成"职业信息树"的过程中觉察到职业前景，帮助自己做好职业准备及相应的职业抉择。

最后，明确行动方向。小沈通过完成"职业信息树"，明确学习方向，努力让自己的能力满足职业需求，这才是"职业信息树"的价值所在。希望小沈从完成"职业信息树"开始，打开通向未来的窗，建立起现在和未来的联系，理智面对未来，更好地进行生涯规划。

94. 如何理解未来新职业？

如今世界发展可谓日新月异，前有元宇宙，后有近期的ChatGPT……未来科技的发展一定会促进一批新职业的诞生。有些同学对未来新职业很是期待，希望了解更多的职业资讯。然而，最近小明同学有些迷茫，感觉自己对未来失去了掌控，未来是否会找不到工作，或适应不了职场？小明认为现在的职业准备可能都是"无用功"，既然未来世界职业变化如此之快，目前的职业已经跟不上时代的步伐了，"躺平"算了，管它什么新世界，我以不变应万变。那么，老师和家长如何帮助小明理解未来职业？如何和小明一起获取未来职业趋势的信息，做好充分的准备，迎接新时代？

什么是未来新职业呢？从时间上看，应为当前和今后一段时期的职业；从类型上看，应确定为以往没有或者没有大规模开展的职业；从职业内涵上看，它具备成为职业的基本条件，即稳定且长久的需求、能够让大批人以此为生。未来职业必然随着科技发展、经济社会需求，以及组织和商业模式的变化而变化。

未来已来。"上海发布"公众号在2022年12月份，已经权威发布了52个未来职业新技能资讯。此次发布的52种未来职业，其中可以看到新技术、新业态和新模式场景下，原有职业内涵发生变化的更新性职业，同时也可以看到全新职业类型。52个未来职业从场景应用出发，聚焦六大领域，分别是医疗健康、5G+工业互联网、数字化营销、数字金融、数据乡村、新能源汽车，也就是与当前的热点，如5G、人工智能、云计算、大数据等相关的领域。在此次报告中列举到的职业有：针对生活场景个体需求的职业，如家庭病房看护员、医疗美容师、新能源汽车充电站运维管理人员等；有科技进步带来的垂类场景下的专业工作，如信息流广告优化师、工业互联网项目管理师、自动驾驶安全员等；还有数字化场景下专业的数据分析职业，如工业互联网成熟度评估师、"三农"数据分析师等工作……

其实面对未来职业不用恐慌，经济发展、技术进步、社会变迁一定是会对未来职业产生影响的。就如受近年来的疫情影响，居家办公与远程办公变得更加普遍……未来职业的就业形态也将变得更加多元。

小明以为未来变化太快，职业准备方面就想"躺平"，这样的想法是不可取的。即将或正在被AI改变的行业已经覆盖了我们熟知的医疗、交通、教育等众多领域，在可预见的未来，人工智能会改变世界，与之相伴而生的是职业世界的变化。

作为当代学生的小明，可以对未来职业有个预判。小明可以想想有哪些职业会消失？有哪些职业会变得热门？还有哪些职业会兴起呢？具有重复、机械、规律、单一、记忆等特点的职业会慢慢消失，在效率至上的时代，这类职业一定会被人工智能淘汰；但必然有很多新兴的职业，就是那些拥有与时俱进、有趣、感性、创意特点的职业。

同时，当下小明可能需要掌握扎实的学科知识、需要锻炼人际交往能力、协调能力，需要培养同理心，以及对他人真心实意的帮助和关心，需要提升创意和审美能力，需要德、智、体、美、劳全面发展。

小明可以定期去权威的公众号，例如中华人民共和国人力资源和社会保障部公众号去查询关于未来职业的信息，增加对未来趋势的了解，去更多理解未来的新职业。如果小明能做到以上几点，就是以不变应万变了。

研究未来新职业，可以为自我成长、终身学习提供参考方向，祝愿小明拥有开放的心态，用自己的好奇心去探索，去拥抱未来职业。

95.

如何做决定?

高二女生小敏，每次做决定时都会担心，顾虑很多，她花了大量的时间纠结着各种各样的选择，小到选衣服、吃饭，大到学习、人际交往、前途的抉择，常常因各种权衡利弊和比较而犹豫不决，让她在不知不觉中成了一个"纠结大户"。当发现自己当初的选择不如意时，她又会陷入新一轮的纠结之中。小敏很痛苦，她自己也不想这样，可就是控制不住自己的纠结想法，该怎么办呢？

这里所说的做决定，是指人在清醒状态下，在众多的选择中，权衡利弊，最终做出的一个选择，即做出一个决定。无论决定大小，我们都必须要有一个清醒的头脑作为条件，否则做出的决定可能会让自己后悔。前段时间，引发微博上热议的"为什么深夜做的决定会让人后悔"，背后的心理现象就是因为夜晚时情绪脑会占据上风，做出的选择往往会偏情绪化、感性化，深夜人们面临认知能力下降、心理控制力减弱，更容易做出非理性的判断。

第一，保持清醒思考。

日本著名作家村上春树曾经说过："假如遇到烦心事，就盖好被子呼呼大睡，不管怎么说，这都是最好的对策。"所以，小敏做决定前要保持自己头脑的清醒，这是第一步。

做决定时，要明确那些对自己来说更重要的事情，然后将时间和精力都集中在重要的决策上，在众多可能的决定中选一个最优的，并尽可能将结果带来的负面影响降低。

第二，制作一份"决策平衡单"。

任何人的精力都是有限的，时间也是有限的。如果在每一个小细节上都追求完美，这样就会导致自己把大量的精力花费在一些琐碎的、不重要的事情上，而在一些大事情上则没有过多的精力了。小敏在生活中遇到如去哪里吃饭、穿什么衣服等小事，不需要花大量的时间纠结，如果实在控制不住纠结情绪，可以提前将自己的衣服及饮食爱好固定下来，选择少了，自然纠结就会变少。

建议小敏做一份"决策平衡单"，即在做决定前，小敏要充分了解情况，然后通过自我思考和他人交流，把选择的优劣写下来，再经过自己的权衡，最终做出目前来看最优的选择。假如，在是否参与心理社团上，小敏很纠结，她觉得选择加入心理社团可能会影响学习，不加入心理社团又觉得待在学校很无趣。通过心理老师的帮助，小敏知道了心理社团的活动内容，对此产生了浓厚的兴趣；老师还在学业和社团活动的平衡方面给出了很棒的建议，最终小敏加入了心理社团。

很多时候我们在做选择时，就像小敏选择心理社团一样，可以相互兼顾，事情并不是非此即彼的。但还有一些选择可能是"鱼和熊掌不可兼得的"，面对两难选择，小敏无论选择哪一方都会带来相应的好处和附加的劣处，所以做决定前一定要坚信"我已经做出了目前来看稍优一点的选择，即使后来被证明是错的，也会想办法把问题解决掉"！

此外，有些当时看起来正确的决定，可能随着时间的推移被证明是错误的，小敏不要纠结和后悔，而是要及时进行纠正和调整。生活就像巧克力，小敏可能永远不知道下一颗是什么味道，同样，自己永远不知道哪个选择会更好，所以一旦做出选择，小敏要学会控制自己对结果的过高期待。相信大家都有这样的经历：攒了很久的钱购买的礼品，到手后却发现没想象中的美好，感到太失望了；相反那些无意间带来的惊喜，就像回家路上买到几朵老奶奶卖的栀子花，会让你愉悦一个下午。所以，做出选择后，小敏不要过于期待结果，不要太在意自己的机会成本，停下纠结，踏实去做，总能得到较好的结果。小敏现在还是学生，未来还很长，一旦做了决定，即使跌倒了还有站起来前行的机会，未来可期。

如何做规划？

小晨同学觉得时间过得好快呀，马上要摸底考了，自己还没来得及复习。平时看电影、打游戏玩得不亦乐乎，一到临近考试，比如整理错题集、课后复习，兼顾锻炼身体等，这些方面自己真的是没什么规划和计划，想一出是一出，乱糟糟的，这可怎么办呢？

不管是学习还是生活，我们都是自己的掌舵人，究竟是被生活和学习奴役，还是由自己控制掌管。前期的合理规划可以很好地帮助我们提前预设和计划生活。

第一，树立规划意识。

MBTI性格测验中有一个维度是行动方式，将人们分为J判断（判断型偏好）和P知觉（感知型偏好）两种，简而言之，就是喜欢规划和不喜欢规划的人。现实生活中，没有绝对的P型和绝对的J型人，所以我们多少都有一定的规划和计划的意识和能力，而小晨同学需要激发自己的规划动机，依据事情的重要程度和个人需求，制订符合自己需求的规划，感知和觉察规划对自己的学习和生活产生的影响，正强化规划意识和行动。

第二，采取规划行动。

有效的规划工具可以帮助我们科学地规划生活，结合个人过去的直接经验，以及他人的间接经验，为自己量身定制独有的个人规划。小晨同学可以合理安排每一日的学习和娱乐时间，以及对应的任务内容。游戏总是那么的诱人，我们可以学习游戏的运作方式和奖励机制，在自己能够按时完成个人计划时，给予自己一定的奖励。遇到阶段性的胜利可以来个更大的奖励，强化自己完成计划的动力和行动力。科学的规划工具多种多样，而小晨同学需要找到适合自己的，自己愿意使用的那个工具。比如，我国著名生涯规划师古典介绍了"生命之花"的工具，可以帮助我们制订年计划或者人生计划。"生命之花"的八个花瓣代表与生命平衡与幸福最重要的八项内容，可以给我们提供一定的借鉴。小晨同学可以依据自己的个性发展需要，调整并修改其中的维度。比如其中有个规划理念叫"吃软怕硬"，指的是先排"软时间"（不做会被挤掉的时间），再排"硬时间"（必须要做的时间）。有时候由于自己的懒惰和畏缩会逃避较难完成的任务，导致自己不能够很好地完成计划，有了"吃软怕硬"的规划可以很好地帮助小晨全面安排个人任务。

第三，反思、复盘个人规划。

小晨同学可以定期复盘和反思自己之前的计划，总结成功部分的经验，以及分析没有做到的计划。是目标太大，不符合自己的个人能力范围，还是受到其他变量的影响，难以执行；是自己个人时间和精力有限，还是缺少外力的帮助和监督，或是自己根本没有动力，不想做这个计划？详细地分析未能完成的计划，可以帮助小晨调整并制订更加科学且更适合自己的个人计划。

怎样尊重自然?

高中生小明高考结束后,就兴奋地邀请同学一起去西北 H 城的老家毕业游。小明是在小学二年级时和父母到南方城市读书的,期间他时刻想念家乡绿油油的大草原、成群的牛羊和城市里见不到的各种小动物。但这次旅游结束后,小明总是闷闷不乐,发现老家已不是儿时的模样,很多小时候常见的小动物都见不到了,草也变得稀疏了。小明一时兴起在网上发起了一个话题,"当代青少年要怎样树立尊重自然、顺应自然、保护自然的生态文明理念,留住记忆中的绿水青山?"此话题引起了很多人的共鸣。那么,人类要怎样做到尊重自然、顺应自然、保护自然呢?

尊重是尊敬、重视的意思,引申为平等相待的心态及其言行。尊重包括尊重自己、尊重他人、尊重自然。尊重是所有行为的基本态度,是人性深处的渴望,一个人只有持尊重的态度,他才能认清自己的价值,看到别人的价值,了解到自然的价值。[1]要想尊重自然、顺应自然、保护自然并和自然和谐共生,

1 陈中,陈艳飞.论工业化进程中的绿色危机及其对策[J].湖南科技学院学报,2017,38(07):62-65.

小明和他的同学可以从以下方面思考并行动：

第一，人与自然是生命共同体，要坚持人与自然和谐共生。恩格斯指出，劳动把人从自然物种关系方面"提升"出来，在创造了人本身的同时，还摆脱了动物式的对待自然界的态度和行为，创造了人对自然界的能动关系。[1]尊重自然，首先要顺应自然，其次要热爱自然。日月星辰、山河湖海、风雪雨雾、花草虫鱼鸟兽……大自然何其丰富、博大、神秘、美好。从力量的对比上来看，人不过是宇宙中的一粒尘埃，小明和同学们只有时刻保持对自然的敬畏之心，才不至于自取灭亡。从人类的起源和存续来看，人也是沧海一粟，我们生于斯，长于斯，一呼一吸，一举一动无不依赖自然的馈赠。人类是自然的一部分，只有顺应自然、热爱自然，才是珍爱自己。

第二，尊重自然，了解自然，保护自然。小明只有通过各种途径充分认识自然，了解自然的规律，才有能力与自然和谐共处。而长久的共生互惠，也需要人类以节制与保护的态度，来善待自然。青少年是祖国的未来和希望，也是未来环境的主人，顺应历史发展潮流，要求当代青少年担当起环境保护的责任，要立志环保报国理想，强化"自觉"导向，虽不能做一些庞大工程去治理环境，小明可以从小事做起，从一点一滴做起，聚沙成塔，积小流为江河。比如：不乱丢垃圾并做好垃圾分类，不使用一次性碗筷及相关塑料产品，节约用水、用电、用纸，爱惜并节约粮食，绿色出行，积极参与植树造林和保护小动物的活动，参加保护公共环境和生态环境的环保公益活动，深入学习和大力宣传环保法规等。小明应有"环保从我做起，从小事做起"的理念：当自己捡起一片塑料纸，就为世界减少了一份污染；当自己和同学们种下一棵树，就为世界增加了一抹绿；当自己和同学们回收一块电池，就为世界保留了一片肥沃土地。要时刻意识到人类靠环境生存，环境靠人类保护。

第三，反思过去，正视现实。小明和同学们只有树立尊重自然、顺应自然、保护自然的科学生态文明理念，才更能深刻认识到人类与自然是平等的，人类不是自然的奴隶，也不是自然的上帝，人属于自然，而不是自然属于人。人类生活所需要的一切均直接或间接来自自然，一切物种均有生命，有其独特价值，是自然大家族中不可或缺的部分。只有尊重自然、顺应自然、保护自然，人类才能拥有更美好的现在和更长久的未来。

---

1 潘晶芳，王卓然.美丽中国视域下大学生生态道德责任教育的着力点［J］.淮海工学院学报（人文社会科学版），2018，16（10）：15-18.

98.
如何理解人和自然的和谐共处?

"绿水青山就是金山银山",保护环境,促进生态稳定,是每位公民义不容辞的责任。小金同学保护环境意识相对比较薄弱,认为自己一个人力量微不足道,也做不了什么伟大贡献,自己不保护也不会对大环境产生什么大的影响,只要按照自己舒服的状态来生活即可。小金同学觉得学校和小区搞垃圾分类之后,扔垃圾变得麻烦了,不像之前方便,只要有垃圾桶就可以丢垃圾。而且小金觉得自己不像有些人随地扔垃圾已经很不错了,有了垃圾分类之后,公交站的垃圾桶都少了,甚至有些公共区域都没有垃圾桶了,这样自己出行很不方便。之前周末小金出去遛狗,狗狗"拉粑粑"了,看看四周也没有垃圾桶,都没办法处理,小金同学也就没有管。

保护环境,人人有责,然而我们很容易忽视环境对人类发展的重要性,常常受到责任分散的影响,"这里这么多人,没有人管,那我也就不要管了"。再加上人类对环境的伤害是日积月累的,不会即时反馈,需要时间的证明,短期我们只看到自身的利益发展和个人的便捷性,而长期会看到环境伤害对我们人类是致命性的打击,甚至是灭顶之灾。

第一，人与自然是生命共同体。

中华文明本就崇尚天人合一，追求人与自然的和谐共生。纵观历史的发展，我们发现在自然面前，人类很渺小，我们要不断学习如何和自然和谐相处。老师可以把一些地方为了追求经济利益，不惜牺牲环境的惨痛历史经验告诉小金，让小金认识到保护环境的重要性。自然生态是一个完整的链条，而人类是其中的一环，人类与其他生物共处于一个命运共同体，无论哪个链条断裂，其他部分都会受到影响。

第二，以宏观而长远的眼光看待环境保护。

老师可以提醒小金同学，也许自己随手捡起一个垃圾时，觉得微不足道，并不会产生什么意义，而很有可能旁边有位小朋友，就学习到了小金的行为。小金把这美好的行为传递下去，这样无形中就带来了很大的影响，如同"蝴蝶效应"。同样的，很可能你随手丢的一个垃圾，动物误食，导致死亡；很多河道和海洋污染威胁到鱼类的生存，最终导致整个生态系统受到影响。

这些年上海一直推行垃圾分类，每个公民都承担起垃圾分类、保护环境的义务，这能够有效地减少垃圾的占地面积，减少有害物质的污染，提高垃圾资源化利用，促进资源循环与可持续发展，最终还是有利于人类的生存发展的。短期来看，某种程度小金同学需要额外付出一些时间和精力到垃圾分类或保护环境的行动上，但长远小金会发现，自己长期坚持的行动，可以节省人力、物力和财力，促进整个生态系统的健康、平稳发展，不管是现在还是未来，最终受益的还是人类自己。

如何理解人和社会的联结？

人与社会相互联结，密不可分，这一点我们也是在日常生活和教育中逐渐体会到的，然而很多时候我们又很容易忽视社会的重要性。在学校烈士纪念的仪式上，小A同学小声嘀咕："都是仪式教育，好无聊，有什么意义呢？他们离我们那么遥远，是那个时代社会的需要，我们当下还需要吗？"部分同学觉得小A说的有道理，但也有同学反对小A的观点，认为小A一面享受前人的付出、努力和牺牲，在前人建设的社会中获得安稳的生活，但另一面不懂得感恩，只想着自己的舒服和个人利益。

历史唯物主义指出，社会和个人是辩证统一的，二者相互依存，相互制约，相互促进，是对立统一的关系。欧洲近代戏剧创始人亨利克·易卜生也曾说："社会犹如一条船，每个人都要有掌舵的准备。"可见，社会和个人是密不可分，不能割裂的。

第一，个人的发展离不开社会。

小到我们日常生活的维持和满足，安定的社区，畅通的交通，干净的空气，输送到家的水电，各个商铺的有序运行等，这些都是社会给予我们的，是由个体组成的、社会共同维系着的。大到我们社会历史的发展和变革，从中国的抗日战争、解放战争，再到中华人民共和国的建立，社会主义改造，改革开放，市场经济建设等，社会的发展推动着我们个人的发展。纪念烈士是让我们感受到社会的发展是有无数人民为了大众的利益而牺牲了小我，学习体会革命先烈奉献和付出的精神。

梳理我们每个家庭三代人的生活经历，就可以深深地感受到社会给个人提供的便利。我们奶奶那一辈，经历了抗日动乱、三年大饥荒等；我们的父母处于国家政治和经济建设的探索时期；小Ａ这新的一代，国家综合国力增强，有应对自然灾害和突发事件的能力，科技和经济也不断发展。老师可以和小Ａ同学探讨，小Ａ个人的发展也应该顺应社会发展的需要。我们可以采用纵向的历史观和横向的社会观，启发小Ａ体会到个人离不开社会。

第二，社会的发展依靠个人。

社会这艘大船的前行需要普通人民大众和英雄人物共同的推动。我们看到不同时代各个领域的领军人物一定程度上引领着社会的发展，指引我们朝向正确的方向前行。而同时也有很多英雄人物为了社会的进步和发展牺牲自我。社会的变革和探索是波浪式前进，是曲折式上升的，而这其中会有无数仁人志士英勇献身。社会的发展不仅需要领军人物和英雄人物的推动，同时更需要广大人民群众的参与，人民群众是历史的创造者，不但创造了社会的物质财富、精神财富，而且是社会变革的决定力量。

对于学生小Ａ来说，他很容易陷入只需要学习，管好自己的事情就可以的想法，忽略了自己的社会价值。其实，不同年龄阶段的群体，对于社会的贡献和价值有其独有的意义。小Ａ可以利用自己的假期服务社会，如疫情时期有很多高中生协助小区进行疫情防护。除了行动还有价值选择，小Ａ同学对于社会的价值判断也非常重要，在意识层面体会、认识到社会的发展需要每一个个体的努力。老师要鼓励小Ａ从自身的能力和优势出发，在社会中实现个人价值的同时贡献社会价值。

100.

如何理解人与科技的关系?

近期ChatGPT在科技领域引起了很大反响，小科同学也常用它搜索各个学科的题目，询问一些生活中的问题。小科同学在感到新奇的同时，也在畅想未来科技和人类的发展。就在我们思考ChatGPT会给我们的生活带来什么影响时，很快地，Chat-4震撼发布，直接升级了ChatGPT。如此迅猛的更新速度不禁让小科同学思考，AI科技的发展和其他科技的发展会对自己的生涯发展和未来生活产生怎样的影响。

小科同学通过交流和体验，了解到ChatGPT能写诗、写代码、写文案，会"P"图，而这些能力是小科自己在长期的教育和学习的基础上才逐渐获得的，如此看来ChatGPT已然对自己的学习、生活产生了很大影响。新一代AI既可以协助学习，同时也可能变成投机取巧地应付作业和考试的工具。小科同学该如何合理运用科技服务于学习呢？

第一，辩证看待科技的革新。

毋庸置疑，老师可以和小科同学一起探讨科技发展对人类的影响的两面性。老师要提醒小科，如果不恰当地使用会影响到小科的学习，不思考而直接检索答案，会导致学习能力降低，解决问题的能力变弱，依赖技术而失去个人能力的发展。与此相反，小科也应看到技术可以帮助自己提升自主学习和信息检索、筛选的能力，提高学习效率，并依据个人个性化发展需求，在自己已有知识经验、兴趣等基础之上，制订自己的学习计划和方案，更好地提升学习体验和效果。所以，在科技革新的时代，小科同学需要提升自我管理、控制的能力。

第二，重视高阶学习思维的提升。

如纽约市教育部发言人詹娜·莱尔所说，"ChatGPT不能培养批判性思维和解决问题的能力，而这些能力对于学术和终身成功至关重要"。新科技的发展，更加需要我们提升自我高阶学习能力，如提出问题、分析问题、解决问题，综合运用知识创新的能力。

面对迭代、更新迅猛的科技和新一代AI，小科同学需要思考自己的未来，该如何面对挑战，接受变化，与科技融合，共同创造未来。老师应提醒小科同学固有思想已难以适应新时代科技的发展，曾经人们以为创意类技能是人类独有的，然而现在发现ChatGPT一定程度上也能实现，并且花费更少的人力和物力。AI和人工智能的发展，势必会影响不同的行业和产业，如IT、传媒、广告、影视、行政和教育等，所以小科未来职业生涯的发展也需要适应科技的进步，与其共存、共创，通力合作，发挥AI和其他高科技的作用，共同推动人类文明的繁荣发展。

第三，搜集科技发展新动态，不同行业新变化。

小科同学可以通过专业、正规的网站检索相关信息，听取老师、家长、同学和专家的分析和建议，人工智能的发展会替代部分职业，如翻译、咨询和客户服务等职业，但同时也会涌现出新的工作和技能的需求。同时小科同学也要认识到人工智能、高科技等是人类的工具，它一定程度上可以帮助我们解放双手，但还有一些职业是人工智能难以适应的，如考古、部分医疗等。

第四，制订生涯规划方案，定期修改完善。

未来我们会与人工智能长期共存，这是时代发展与变革的必然，小科同学更加需要找到自己的兴趣和爱好，在职业和工作中实现自己的个人价值和社会价值，依据自己的兴趣、性格、能力和价值观，制订属于自己的职业生涯规划方案，并随着时间发展，个人的成长，定期完善、调整规划方案，运用方案来引导个人的学习和发展，迎接科技迅猛发展的新时代。

参 考 文 献

［1］［美］彼得·德鲁克.21世纪的管理挑战［M］.朱雁斌译.北京：机械工业出版社，2019：178.

［2］［美］达纳·卡斯帕森.解决冲突的关键技巧［M］.王丽译.北京：九州出版社，2016：136.

［3］陈中，陈艳飞.论工业化进程中的绿色危机及其对策［J］.湖南科技学院学报，2017，38（07）：62-65.

［4］丁秀华.如何收集职业信息［J］.成才与就业，2020（12）：22.

［5］苟增强，祁建梅.调整认知缓解考试焦虑［J］.沧州师范专科学校学报，2006，22（1）：57-58.

［6］古典.别去想那只粉色的大象［J］.中华儿女，2013（15）：6.

［7］古典.你的生命有什么可能［M］.长沙：湖南文艺出版社，2014：162.

［8］顾陆希.中学生学习疲劳现象的调查与思考［J］.班主任之友，2004（07）：9-10.

［9］郭素芬.发挥课堂教育在中职教学中的导向作用［J］.河南农业，2016，（21）：32-33.

［10］浩萍.小学生的记忆特点［J］.小学阅读指南（中），2011（08）：63.

［11］洪昭光.洪昭光谈实用生活保健法［J］.老友，2007（06）：62-63.

［12］黄诗梅.巧用性格特点管理职业学校学生［J］.职业，2016（26）：58-59.

［13］黄薇.浅析基于生涯人物访谈的大学生职业指导案例建设［J］.中小企业管理与科技（下旬刊），2011（09）：32.

［14］简单心理Uni.你也有一个永远无法原谅的人么？| 原谅的7个原则和8个步骤［EB/OL］.https://www.sohu.com/a/276023925_651254, 2018-11-16/2023-07-17.

［15］江西师大附中心理健康教育中心.复学在即，也为心灵戴上口罩吧！［EB/OL］.https://www.sohu.com/a/394153438_718523, 2020-05-10/2023-08-02.

［16］蒋丽琼.积极暗示在教学中的应用探讨［J］.常州信息职业技术学院学报，2004（08）：48-49.

［17］柯江宁.大学外语教学中的动机、兴趣与途径［J］.南京政治学院学报，2001（5）：84-85.

［18］李博.大学生的不良情绪及其调控［J］.四川理工学院学报（社会科学版），2006（01）：170-172.

［19］李娜.职业生涯规划体验式教学研究［J］.太原城市职业技术学院学报，2014（9）：102-104.

［20］刘慧琼.领导者的情绪智力与领导效能之关系研究［J］.中外企业家，2017（01）：68-69，96.

［21］刘枚.精神疾病偷袭白领丽人［J］.环境，2002（03）：21.

［22］罗家德.积极做好企业的关系管理［EB/OL］.https://baijiahao.baidu.com/s?id=1721699879546253558&wfr=spider&for=pc, 2022-01-12/2023-08-02.

［23］罗晓珍.青少年理性思维的培养［J］.哈尔滨职业技术学院学报，2005（04）：41-42.

［24］孟丽花.高中生正确消费观的培养研究［D］.昆明：云南师范大学，2015：28.

［25］潘晶芳，王卓然.美丽中国视域下大学生生态道德责任教育的着力点［J］.淮海工学院学报（人文社会科学版），2018，16（10）：15-18.

［26］彭凯平，闫伟.活出心花怒放的人生［M］.北京：中信出版社，2020：66.

［27］彭香霞.浅析生涯人物访谈在《职业生涯指导》课程中的应用［J］.职业时空，2012（08）：132-133，136.

［28］仇文华，陈秀春.高校大学生挫折承受力的培养研究［J］.改革与开放，2009（11）：176-177.

［29］施敏洁，王君.归因方式性别差异与日语语法学习效果研究［J］.浙江万里学院学报，2013（04）：56—62.

［30］史慧.谈谈人际交往中的空间距离［J］.河南水利与南水北调，2007（07）：73—74.

［31］唐荣.论大学生的情绪管理［J］.徐州教育学院学报，2008（06）：59.

［32］王巧.论多元智力在高中英语教学中的基本应用［J］.旅游纵览（下半月），2013：261.

［33］王树洲.试论多元智能理论的价值与意义［J］.当代教育论坛，2010（10）：17—18.

［34］吴坤玲.高校图书馆服务创新瓶颈效应分析与对策研究［J］.科技情报开发与经济，2014，24（06）：29—31.

［35］晓嫒.与其抱怨不如感恩［M］.北京：应急管理出版社，2019：22.

［36］肖素芳.职业体验对职业生涯规划的导向作用研究［J］.科技资讯，2020（32）：209—210，213.

［37］谢晓燕，周勇，叶永豪.新冠肺炎疫情下罪犯心理危机干预探析［J］.犯罪和改造研究，2020（09）：41.

［38］解一丹.利用好奇心支持性策略，激发智障学生的学习积极性［J］.小学教学研究，2019（03）：89—91.

［39］学趣益学.管理好自己的时间，轻松度过高三阶段［DB/OL］.https://www.163.com/dy/article/DMK0UEKO0516A2HQ.html，2018—07—13/2023—02—03.

［40］杨丽珠，王江洋.儿童4岁时自我延迟满足能力对其9岁时学校社会交往能力预期的追踪［J］.心理学报，2007，39（4）：668—678.

［41］杨天玲.5why分析法在高职专业课程中的应用实践［J］.中国现代教育装备，2023（05）：169—172.

［42］杨震，朱伟杰，汪继峰."罗森塔尔效应"与激励教育法［J］.中华家教，2003（12）：36.

［43］叶奕乾，何存道，梁宁建.普通心理学［M］.上海：华东师范大学出版社，1997：586.

［44］袁莉敏，张宏宇，李健.乐观研究述评［J］.中国特殊教育，2006（08）：82-86.

［45］郑文龙，基于最近发展区理论的高等教育适度超前发展策略探析［J］.西部素质教育，2018，4（15）：11—12.

［46］钟志.浅谈如何激发学生的上进心［J］.中学生导报：教学研究，2013（13）：12.

［47］周虎.提高中职课堂教学质量的调查与对策研究［J］.时代农机，2017，44（11）：241，243.

［48］周加启.对运动主体和谐人格精神的探析—以足球运动为个例［J］.体育世界（学术版），2019（04）：90—91.

［49］周幼勤.如何保持健康好心态？［J］.小读者，2005（02）：62.

［50］朱永祥，小学生元认知技能培养实验研究报告［J］.教育研究，2000（06）：74-77.